"MONDES SAUVAGES"
POUR UNE NOUVELLE ALLIANCE

La nation iroquoise avait l'habitude de demander, avant chaque palabre, qui, dans l'assemblée, allait parler au nom du loup.

En se réappropriant cette ancienne tradition, la collection "Mondes sauvages" souhaite offrir un lieu d'expression privilégié à tous ceux qui, aujourd'hui, mettent en place des stratégies originales pour être à l'écoute des êtres vivants. La biologie et l'éthologie du XXIe siècle atteignent désormais un degré de précision suffisant pour distinguer les individus et les envisager avec leurs personnalités et leurs histoires de vie singulières. C'est une approche biographique du vivant. En allant à la rencontre des animaux sur leurs territoires, ces auteurs partent en "mission diplomatique" au cœur du monde sauvage.

Ils deviennent, au fil de leurs expériences et de leurs aventures, les meilleurs interprètes de tous ces peuples qui n'ont pas la parole, mais avec lesquels nous faisons *monde commun*. Parce que nous partageons avec eux les mêmes territoires et la même histoire, parce que notre survie en tant qu'espèce dépend de la leur, la question de la cohabitation et du vivre ensemble devient centrale. Il nous faut créer les conditions d'un dialogue à nouveaux frais avec tous les êtres vivants, les conditions d'une *nouvelle alliance*.

HÉLIOSPHÉRA,
FILLE DES ABYSSES

Collection créée par Stéphane Durand en 2017

ISBN 978-2-330-17063-9

WILFRIED
N'SONDÉ

HÉLIOSPHÉRA, FILLE DES ABYSSES

d'amour et de plancton

Roman

Illustrations de Margaux Bidat

MONDES SAUVAGES
Pour une nouvelle alliance

ACTES SUD

Aux sœurs et frères des abysses…

Méduses, bactéries, merveilles de la mer.
Humbles nous arrivons, partager vos mystères !

AVANT-PROPOS

La vie, c'est le petit grain de folie de l'univers.

Pourtant, si les partisans d'un productivisme débridé ne changent pas radicalement leur rapport au monde, c'est la planète tout entière qui deviendra bientôt invivable, pour l'ensemble des humains et bon nombre d'autres espèces.

Refusons le monopole de ce récit dominateur et toxique. Faisons éclore un écosystème d'histoires, une infinité de sens et de manières d'être au monde. Nous étouffons derrière les hauts murs d'un savoir fragmenté. Il est vital de décloisonner les disciplines, de les faire dialoguer et résonner les unes avec les autres pour qu'elles s'entre-fécondent et renouvellent radicalement nos relations aux vivants. Artistes et scientifiques sont des chercheurs qui partagent la même fascination pour le monde, le même désir de l'explorer, la même volonté de le raconter et de le partager. Il est impératif que le savoir des uns soit traduit par les autres en connaissance sensible et esthétique, rendant ainsi l'univers plus intéressant, plus intelligible et surtout plus convivial.

Artistes et scientifiques réenchantent le monde chaque jour un peu plus. C'est pourquoi "Mondes sauvages" souhaite élargir les horizons en invitant des auteurs et autrices venant de tous les champs de recherche, de réflexion et d'expression à s'emparer de ces questions cruciales pour l'avenir de l'humanité : historiens des arts et des techniques, romanciers, poètes, artistes plasticiens, anthropologues, paysans, toutes les énergies et toutes les idées sont les bienvenues afin de trouver rapidement de nouvelles manières d'être affectés par nos colocataires, cette masse innombrable et grouillante de vivants avec lesquels nous cohabitons, afin que nous nous en souciions vraiment.

C'est dans cet esprit que Wilfried N'Sondé a pu embarquer, pendant le confinement du printemps 2021, à bord de la goélette Tara. Le romancier, dont le travail est de donner une voix à l'invisible, n'est pas revenu indemne d'une telle expédition au large des côtes chiliennes.

"Mondes sauvages", tente une nouvelle expérience ; nous faisons le pari que son roman *Héliosphéra, fille des abysses* surprendra et bousculera ses lecteurs, et dessillera leurs yeux. Le phytoplancton produit la moitié de l'oxygène qui nous est vital. Vous ne le verrez plus jamais de la même manière.

La science ouvre des horizons inconnus que l'art s'empresse de sillonner.

L'exploration ne fait que commencer.

La terre est vaste et notre émerveillement sans fin…

STÉPHANE DURAND

La canicule s'était installée au début de l'automne dans l'hémisphère Sud, elle sévissait avec une alarmante intensité aux abords du canyon sous-marin de Nugurue au large du port de Talcahuano sur la côte sud du Chili. Un inquiétant calme plat régnait sur l'immensité bleue qui prenait la forme d'une mer d'huile à perte de vue, au-dessus de laquelle planaient inlassablement des pélicans bruns en quête de nourriture et, çà et là, des goélands impassibles se posaient sur l'eau. Seuls de rares bancs de globicéphales noirs cassaient la monotonie ambiante lorsque, de leur nage fluide, ils fendaient la peau liquide de l'océan. Le soleil impitoyable écrasait aussi les cimes de la cordillère des Andes, embrasait les vallées, provoquait parfois des incendies sur les flancs des montagnes, et enveloppait le sable des plages et les villes côtières d'un halo ardent qui brouillait la vue. Plus au nord, près de la frontière bolivienne, le désert d'Atacama prenait des allures étranges d'étendues lunaires, images de fin du monde, terres inhospitalières à tout ce qui poussait, volait ou rampait. La faune y vivait un enfer où même les scorpions et les serpents, pourtant habitués à l'extrême aridité, s'épuisaient et, à bout de forces, hésitaient à s'aventurer hors de leurs refuges souterrains. Les températures exceptionnellement hautes atteignaient des records et la surface du Pacifique continuait à chauffer tandis que, à plusieurs centaines de mètres de profondeur, les eaux sombres demeuraient glacées. L'énorme écart de température empêchait des échanges fluides entre les différentes couches de la colonne d'eau et figeait le vaste océan en une paralysie morbide. L'absence de dynamisme portait préjudice à l'accomplissement des cycles du vivant, à sa mobilité et à ses impulsions.

Tout s'était interrompu, de la surface jusqu'aux solitudes abyssales plongées dans le noir complet. L'apathie assénait un coup d'arrêt à la magie des profondeurs, là-bas où tentaient de survivre les populations sous-marines. Partout manquait cruellement l'animation nécessaire au déclenchement du déroutant mélange de routines et de surprises qui perpétuait l'extraordinaire chaos de la création, l'excentricité du vivant. L'indispensable ardeur, le cœur battant de la vitalité essentielle aux méduses, aux bactéries, au bouillon de plancton orné de couleurs extravagantes et doté d'une formidable diversité de formes, souvent délicates, parfois insolites. Accablées, la plupart des merveilles de la mer peinaient. Au supplice, les peuples aquatiques de cette partie du Pacifique souffraient, des espèces les plus imposantes comme les dauphins, les otaries ou les baleines, aux infiniment petites, jusqu'aux unicellulaires les plus rudimentaires : dinoflagellés, coccolithophores, diatomées et radiolaires, tous peinaient à se développer. Ces derniers témoins des premiers balbutiements de la vie sur la planète Terre, encore massivement présents parmi l'extraordinaire fourmillement d'organismes invisibles à l'œil humain, avaient pourtant, par le passé, bravé d'innombrables cataclysmes, des tremblements de terre, des éruptions volcaniques de très grande envergure et bien d'autres catastrophes. Aujourd'hui, ils éprouvaient d'énormes difficultés à s'alimenter et à se reproduire. Pire encore, au cœur des ténèbres, sur près de trois cents mètres d'épaisseur, se formaient de véritables *no life's land* appelés “zones de minimum d'oxygène”. De préoccupantes poches de plusieurs dizaines de kilomètres extrêmement pauvres en ce gaz synonyme de vie, où seules résistaient péniblement quelques bactéries. Autant de pièges mortels pour des individus souvent incapables de nager, qui y échouaient au hasard de leurs déplacements aléatoires. La stagnation faisait planer le spectre de l'extinction massive sur des millions d'êtres des origines tributaires des turbulences du brassage salutaire des flots.

*

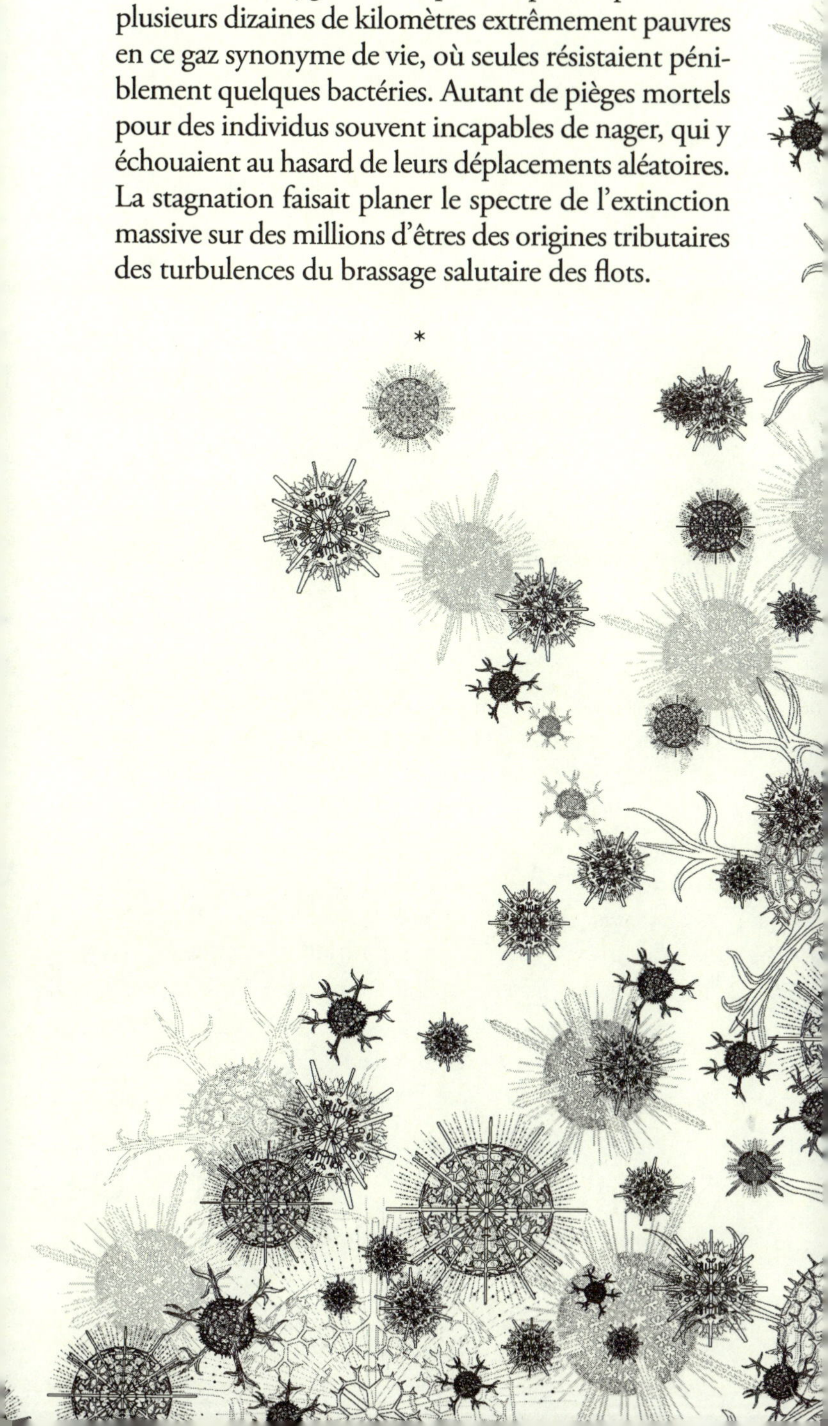

Le cœur serré d'Ollanta Suarez battait fort la chamade dans sa poitrine, impatiente qu'elle était de s'envoler pour Concepción, de rejoindre le port de Talcahuano et d'embarquer sur la goélette Tara pour une expédition océanographique de cinq semaines au large des côtes chiliennes. Son pouls déjà rapide accélérait, impossible de sécher la moiteur de ses paumes ou d'arrêter la course des perles de sueur sur ses tempes et son front, elle avait les genoux en coton et le souffle court. Elle n'en revenait pas de bientôt participer à la mission Microbiomes, partie de Lorient en décembre 2020, un nouveau défi pour la Fondation Tara Océan et son bateau mythique. À travers des reportages et des publications, Ollanta s'était reconnue dans les paroles des marins interviewés et s'était découvert une âme nomade. Souvent elle avait rêvé de la goélette, élégante et vaillante, sous les traits d'un mammifère marin au ventre rigide, une baleine géante qui, à quai, se déhanchait, patientait, ronde et sereine dans les eaux troubles d'un port des antipodes. Elle l'imaginait grimper souplement jusqu'à la ligne de crête de chaque lame, puis glisser dans son creux en roulant un peu les reins de son corps bombé.

Outre l'excitation de la navigation à venir, Ollanta avait surtout soif d'expériences et de connaissances. Elle était pressée de s'immerger dans l'univers mystérieux de la multitude de micro-organismes qui peuplaient les océans et les mers, pressée de découvrir les innombrables secrets que la science parvenait à peine à effleurer. Ollanta s'extasiait devant les formes primitives ; certaines rappelaient des esquisses élémentaires et d'autres relevaient plutôt de complexités géométriques ou d'un génie artistique digne des plus extravagants créateurs de l'histoire. Leurs comportements aussi l'enthousiasmaient, la plupart du temps logiques et prévisibles, ils la surprenaient parfois par des attitudes qui lui inspiraient le respect et la réflexion, tant ils semblaient reléguer les réactions de l'âme humaine aux conduites les plus rudimentaires. Ces multiples manières d'être plaisaient à la jeune femme, elle se sentait étrangement familière avec ces organismes microscopiques et s'était convaincue qu'ils avaient énormément à lui apprendre. Participer à un tel programme de recherche représentait aussi une sorte de retour aux sources, une plongée aux fondements mêmes du vivant. Ollanta était impatiente de se retrouver dans quelques heures aux premières loges de cette entreprise d'approche globale avec des scientifiques chevronnés. Elle allait envisager l'océan comme un grand tout, étudier, analyser, mesurer avec, en ce qui concernait la spécificité des travaux de son laboratoire breton, une attention particulière à la présence de plastique dans les eaux du Pacifique, au large de la côte ouest de l'Amérique du Sud.

Dans le taxi qui venait de quitter le boulevard périphérique nord en direction de l'aéroport de Paris-Charles-de-Gaulle, elle tentait de garder son calme, oscillant entre l'excitation de la découverte et l'appréhension du voyage qui l'attendait. Son périple jusqu'au Chili s'annonçait en effet périlleux et semé d'embûches : plus de douze mille kilomètres à parcourir en pleine crise sanitaire, alors que toutes les activités humaines se voyaient soumises aux aléas des mesures drastiques anti-covid-19 en vigueur sur l'ensemble de la planète. Une fois sortie du véhicule, la jeune femme se concentra, frotta ses mains moites sur son jean et vérifia pour la énième fois qu'elle avait bien les documents nécessaires, surtout le plus important : le test PCR négatif. Elle souffla, rajusta son masque et pénétra dans le terminal, le pas mal assuré. Tout allait bien, mais la récente décision des autorités chiliennes de fermer les frontières du pays le surlendemain jetait un voile d'incertitude sur les démarches à effectuer pour obtenir l'autorisation de pénétrer sur son sol. En se dirigeant, stressée, vers la zone des départs, elle pensa à ses parents.

Bien avant sa naissance, ils lui avaient choisi le prénom d'Ollanta, son père chilien pour revendiquer sa lointaine ascendance mapuche, sa mère guadeloupéenne en souvenir du nom des vestiges d'une ancienne cité maya visitée lors de leur lune de miel. À bientôt trente ans, la jeune femme affirmait avoir hérité de l'esprit rebelle qui lui venait, d'une part, des années de lutte de son père engagé pour la démocratie, contre la dictature et les injustices infligées aux peuples autochtones du Chili, d'autre part de sa mère qui, dans sa jeunesse, s'était lancée dans le combat pour l'émancipation des femmes et contre le racisme. De par sa lignée maternelle, Ollanta avait également été sensibilisée à l'harmonie entre les humains et aux mystères de la nature. Les secrets des plantes médicinales circulaient de génération en génération depuis l'arrivée de leur ancêtre venue d'Afrique centrale plus de deux siècles plus tôt. Aussi, pour Ollanta, ce voyage prenait-il des allures d'immersion dans son passé familial. Moins en considération de la géographie que d'un point de vue idéologique et militant, puisque la jeune femme s'enorgueillissait d'aller mener son propre combat, celui pour la sauvegarde de l'environnement sur le continent qui avait été le théâtre des luttes de ses parents. Un périple hautement symbolique et empreint d'émotions fortes – elle était à fleur de peau.

Ollanta se concentra et prit sa place au bout de la courte file, seule une poignée de passagers attendaient pour finaliser leur enregistrement pour Santiago dans l'aéroport presque désert. La peur qu'une tracasserie administrative de dernière minute ne l'empêche de s'envoler lui serrait la poitrine. Elle murmura une prière improvisée à ses ancêtres amérindiens avant de serrer les poings pour se donner du courage, elle se sentait prête à affronter l'ultime formalité, le dernier obstacle avant de survoler l'Atlantique puis l'Amérique du Sud, et embarquer enfin sur la goélette de ses rêves.

*

Une dizaine d'années plus tôt, l'association Planète Bleue avait organisé une vaste campagne de sensibilisation à la lutte contre le réchauffement climatique, une action de mise en garde et d'information sur les dégâts provoqués par les déchets plastique sur la faune et la flore du ruisseau de la Clarée dans les Hautes-Alpes. Il s'agissait d'enseigner les petits gestes du quotidien permettant de protéger l'environnement pour garantir à tous une meilleure qualité de vie. Le slogan "Recyclez-moi" avait été imprimé sur des ballons de couleurs distribués aux bambins en même temps que des moitiés de pommes cuites au four. Pour punir son fils qui refusait d'obéir, un père de famille jeta son ballon rouge dans les fourrés où il se creva. L'homme qui s'était laissé emporter par l'agacement n'imaginait pas les conséquences que son geste produirait à court, à moyen et à long terme.

Personne ne récupéra les lambeaux tombés dans le ruisseau qui coulait dans le sous-bois. Le plastique déchiré continua tranquillement sa descente dans la vallée, entre les rives verdoyantes couvertes de jolies fleurs mauves, jaunes et blanches au pied des sapins, non loin d'un pittoresque pont de pierre et au milieu des têtards et des populations d'invertébrés aquatiques. Il termina sa course la tige accrochée à une pierre, y demeura jusqu'à la fin de l'automne. Nul ne daigna le ramasser. Les mois passèrent, le plastique, recouvert d'une fine pellicule visqueuse composée de bactéries, se figea lorsque le cours d'eau gela durant l'hiver particulièrement rigoureux qui suivit. Pourtant, son processus de fragmentation avait bel et bien débuté.

*

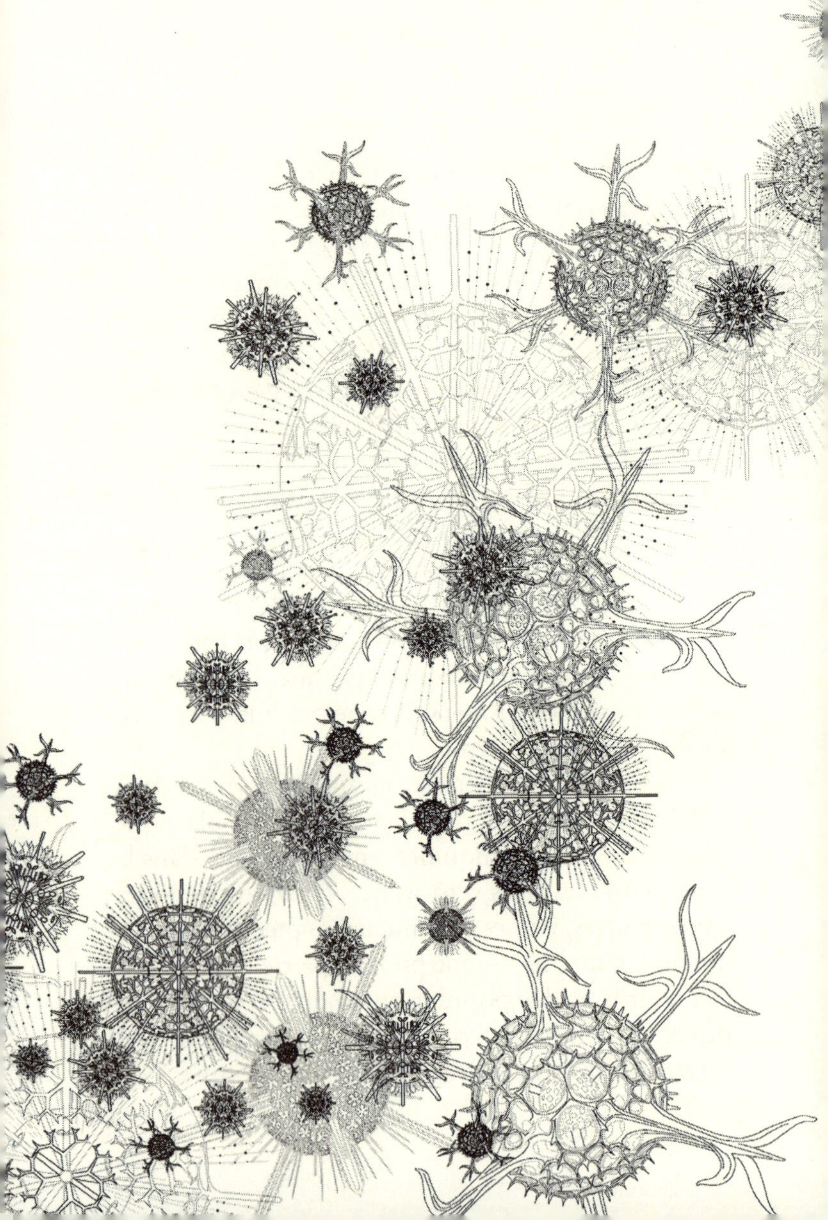

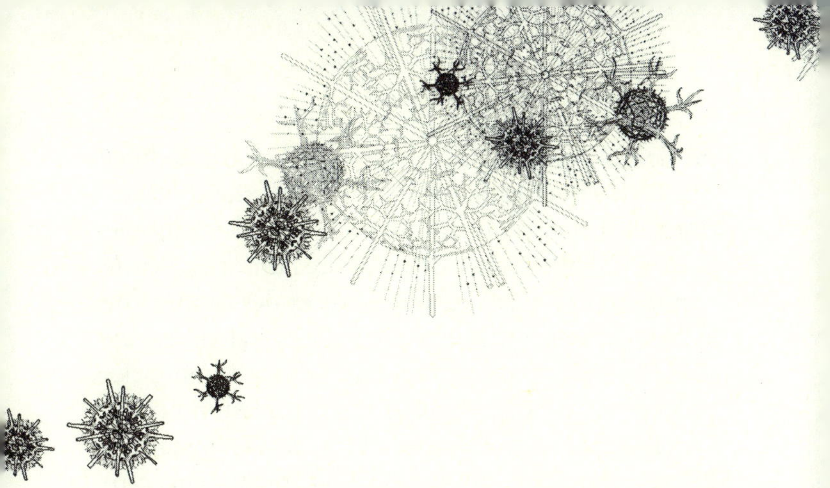

Aux premiers instants de l’aube, alors que les cieux se teintaient timidement de vermeil au large du port de Talcahuano, un être singulier, microscopique, mi-animal, mi-végétal, essayait désespérément d’échapper à la chasse d’un cténophore, créature translucide de quelques centimètres aux allures de méduse. Pour masquer ses longs filaments couverts de cellules collantes et harponner sa proie, le prédateur avait produit un nuage d’encre rouge qui émettait une lueur vive dans les ténèbres liquides. L’être hybride évita *in extremis* l’étreinte fatale, s’enfuit et se résigna à s’enfoncer dans une de ces parties mortelles de l’océan si pauvres en oxygène, le seul endroit capable de dissuader le cténophore de le poursuivre. À l’approche de la zone dangereuse où s’était réfugiée la prise qu’il convoitait, le cténophore rétracta ses deux grands tentacules et se hâta de se propulser vers l’arrière.

Le risque d’être dévoré par son assaillant à peine écarté, l’hybride entre un radiolaire animal et une algue zooxanthelle s’exposait désormais à l’asphyxie. Les deux micro-organismes, toujours habités par une puissante inclination l’un pour l’autre, eurent un sursaut. Mais, impuissants à se hisser dans la colonne d’eau, ils étaient condamnés à attendre qu’un léger mouvement de la houle les attire vers la surface sur une vingtaine de mètres. Malheureusement, trop longtemps privée d'oxygène, l'alliance qui avait prolongé la durée de vie de ces êtres fragilisés par l'adversité dysfonctionnait. L'union qui avait permis à ces deux entités, pourtant si différentes, de se fondre l'une dans l'autre afin de se protéger des agresseurs et des caprices de la mer dépérissait. Longtemps elles s'étaient entraidées, associées pour se soutenir, pour surmonter les rudesses de la vie sauvage, et mutuellement nourries, s'émancipant ainsi de toute tendance à la prédation. Elles s'étaient développées grâce aux nutriments captés par le radiolaire qui alimentait la photosynthèse de la micro-algue qui, en retour, nourrissait son hôte animal.

Or, victime du dérèglement global du climat qui appauvrissait les mers, ce type de collaboration idéale qui se réalisait dans les océans depuis des centaines de millions d'années s'éteignait à un peu plus de cent cinquante mètres de profondeur au cœur du Pacifique. Les alliés d'hier déclinaient ensemble dans le silence, leurs couleurs vives d'antan se ternissaient. Sans plus de force, la zooxanthelle se décrocha de son partenaire, s'abandonnant au trépas. Or, depuis leur rencontre, fondus en un être symbiotique, ils avaient accompli leurs migrations quotidiennes liés l'un à l'autre, sans jamais se quitter, ni le jour ni la nuit. Soudain seul, comme s'il ne pouvait se résoudre à survivre à la disparition de l'être cher, le radiolaire expulsa ses dernières molécules de carbone dans un ultime soubresaut. Il arriva malgré tout à se reproduire encore une fois puis cessa définitivement de se mouvoir.

Ils entamèrent côte à côte leur chute à pic vers le plancher inexploré du Pacifique. Ils se mêlèrent au flot lent et ininterrompu des milliards de cadavres microscopiques qui tombaient en flocons comme de la neige marine. Ils ne représentaient alors plus que deux individus supplémentaires dans le fouillis de détritus aquatiques, une formidable biomasse diversifiée, des restes d'animaux et de végétaux en voie de décomposition, en route vers le fond. Un flux plus dense encore que d'ordinaire sous l'effet conjugué des conditions climatiques inhabituelles et des faibles concentrations en oxygène qui stratifiaient l'océan dont les eaux ne se mélangeaient plus. Une hécatombe sévissait dans les rangs des coquillages et parmi la faune accrochée aux parois rocheuses du canyon. Le plancton végétal, lui, s'accumulait dangereusement à la surface. Rongés par les bactéries, ces organismes périssaient eux aussi en grand nombre, ensuite tous pourrissaient, s'égrenaient en rangs serrés, descendaient, puis allaient sédimenter vers les parties les plus basses du canyon.

L'union du radiolaire et de la zooxanthelle qui, avec le temps, avait mûri dans le bonheur d'être deux, avait fini par disparaître, mais avait tout de même réussi à s'inscrire sur le chemin d'éternité puisque le radiolaire avait réalisé une dernière division au prix du peu d'énergie dont il disposait encore. Le phénomène mystérieux, merveilleux, s'était accompli une fois de plus au cœur de l'immensité liquide, vert et gris foncé : l'avènement d'une vie sous la forme de l'éclosion d'un nouvel animal de taille très modeste, un dixième de millimètre tout au plus. Un individu unicellulaire dont les ancêtres peuplaient déjà les océans près de cinq cents millions d'années auparavant. Leur union n'avait pas eu lieu en vain : à l'instant même de leur mort, ils avaient donné naissance à un rejeton.

Héliosphéra naquit ainsi un matin incandescent dans les eaux calmes du Pacifique, dotée d'un corps gélatineux soutenu par un squelette siliceux composé d'une série de segments plantés en cercle autour d'un sensible cœur de verre. Très vite, sa membrane extérieure se fixa en produisant une sphère parfaite, puis l'élégante Héliosphéra se recouvrit d'un voile très fin de dentelles translucides. Elle commença à se mouvoir gracieusement à la manière d'une planète dotée de piques. En plus de l'impératif de perpétuer sa lignée en se reproduisant elle aussi, ses géniteurs lui avaient transmis la propension à s'unir un jour à un autre individu planctonique, dans un élan en quête d'harmonie.

Mais l'existence était éphémère pour les peuples du plancton : quelques jours à peine pour naître, croître, aimer et mourir. En attendant, Héliosphéra flottait nonchalamment dans l'obscurité de son univers. La vie qui palpitait en elle rayonnait d'un éclat immaculé, non loin de l'entrée de la baie de Concepción et du port de Talcahuano.

*

Soulagée d'avoir franchi le premier obstacle avec succès après la présentation des documents qui l'autorisaient à atterrir au Chili, Ollanta s'installa dans l'Airbus qui l'emmenait à Santiago. Elle posa sa joue contre le hublot, sourit au souvenir de ses parents qui avaient été ravis et très touchés par son intérêt soudain pour l'Amérique latine, puis elle glissa ses mains jointes entre ses cuisses avant de fermer les yeux. Dans l'avion, dont à peine un quart était occupé, la jeune femme se déplaça peu après le décollage pour s'installer seule sur une rangée de quatre sièges. Son dîner terminé, elle s'y allongea et, épuisée nerveusement, le corps lourd, elle dormit profondément jusqu'à l'atterrissage. Pareil au vol, son transit à l'intérieur de l'aéroport Arturo-Merino-Benítez vers la zone des vols nationaux se fit sans encombre, tout comme son passage devant les soldats chargés du contrôle des documents qui prouvaient son scrupuleux respect des protocoles de prévention au regard de l'épidémie de covid-19. Lorsqu'elle arriva deux heures plus tard à Concepción, Ollanta rejoignit le port militaire en taxi. Le ciel était gris et bas. Une pluie fine tombait sur le Chili. La canicule avait enfin cessé. L'automne s'installait aux abords du canyon sous-marin de Nugurue.

À quai, Tara était le seul bâtiment civil qui mouillait au milieu d'impressionnants vaisseaux de guerre, d'austères remorqueurs et d'immenses grues de la marine chilienne. Ollanta s'approcha avec émotion, la gorge nouée et la bouche sèche, et manqua de tomber tant ses jambes tremblotaient. Elle allait enfin monter à bord de la goélette de légende, une embarcation construite et animée par des rêveurs et des amoureux passionnés d'océan. Le vaisseau avait fière allure avec ses cent quarante tonnes, trente-six mètres de long, dix mètres au plus large de ses flancs, et surtout cette protubérance ventrale qui lui valait le surnom de la Baleine. Une sensation de vertige surprit la Franco-Chilienne lorsqu'elle leva les yeux vers les deux mâts culminant à pas moins de vingt-sept mètres. Elle admirait le navire initialement bâti pour naviguer dans les contrées les plus froides du globe, grâce notamment à son fond et à ses bords très évasés, conçus pour ne pas se briser sous la forte pression des glaces. De si près, ce trésor d'inventivité émerveilla la jeune femme, peut-être davantage que lors de la première fois à Lorient, lorsqu'elle n'avait malheureusement pas eu l'opportunité de poser le pied sur le pont. Pour Ollanta, Tara incarnait la robustesse, la stabilité, comme si jamais elle ne pourrait chavirer, toujours elle résisterait aux vents forts et aux mers agitées. Les yeux exorbités, elle tourna sur elle-même pour en apprécier une vue d'ensemble. La jeune femme imaginait la magie du moment où, en pleine mer, Tara déploierait la majesté de ses quatre cents mètres carrés de voilure qui porteraient sa coque en aluminium sur les flots en un ample mouvement, légèrement penché, élégant et fluide.

Timide, elle s'approcha, répondit aux quatre hommes et aux deux femmes qui, depuis le pont, lui souriaient en faisant de grands signes. Les six membres d'équipage, Tom, le capitaine, Marc, le second, Philippe, l'officier de pont, Laurent, le chef mécanicien, Solenn, la marin-cuisinière et Marie, la correspondante de bord, se présentèrent à elle en lui souhaitant la bienvenue parmi eux. Sur le moment elle ne retint que le prénom de Solenn, celle qui lui demandait si elle avait fait un bon voyage tout en l'invitant à la suivre jusqu'à la cabine de six mètres carrés qu'elles partageraient durant cinq semaines. Ollanta passa devant la timonerie avant de descendre dans la partie habitable de Tara. En bas, elle découvrit la cuisine, le carré et, du mince couloir menant au fond du navire, arrivèrent à sa rencontre, au sortir du laboratoire, les cinq scientifiques de la mission : deux Chiliens, Marta et Raul, un Espagnol, Pep, et deux Français, Alain et William, qu'elle salua en bredouillant du bout des lèvres avant de rejoindre ses minuscules quartiers.

La nouvelle venue avait à peine posé sa valise et fait son lit au-dessus de celui de sa collègue de chambrée lorsque Marc, le second capitaine, l'emmena faire le tour du bateau en lui présentant ce qui serait son cadre de vie pour les semaines à venir. Responsable de la logistique de l'expédition, de l'intendance, mais surtout garant du strict respect des mesures de sécurité, l'officier affirma qu'aucune technologie, même la plus sophistiquée, n'enlèverait jamais le caractère dangereux de l'océan pour les animaux terrestres, inadaptés au monde marin, que sont les êtres humains. Aussi, il énuméra l'ensemble des règles à suivre pour éviter de se mettre en péril, surtout sur le pont, de l'obligation de se harnacher solidement lors des manipulations scientifiques à l'arrière de Tara, en passant par l'impératif de porter des chaussures de sécurité dans les zones de travail à l'extérieur du bateau, jusqu'à celui de ne jamais se séparer de son gilet de sauvetage aux couleurs fluorescentes. Marc insista afin qu'Ollanta veille à développer une vigilance de chaque instant ainsi que le réflexe d'alerter rapidement un marin au moindre bruit non identifié, odeur suspecte ou sensation inhabituelle. En cas d'urgence, il attendait d'elle un maximum de sang-froid. L'idée, lui expliqua-t-il, consistait à ne pas aggraver une situation de crise en réagissant de manière désordonnée sous l'emprise de la panique ou de la précipitation.

Saturée d'informations, Ollanta hochait docilement la tête, se demandant comment elle réussirait à retenir autant de consignes en un temps si bref, et puis la fatigue commençait à se faire sentir alors qu'elle venait tout juste de traverser l'Atlantique et de survoler l'interminable cordillère des Andes. Plus tard, elle ne retint quasiment rien de la visite de la salle des machines en bas, au milieu du navire, du côté de la cale arrière. Elle s'efforça de se concentrer de nouveau au moment des explications concernant la machine à laver et le sèche-linge mis à la disposition de chacun. Quant à l'organisation de la vie commune pendant la navigation et les escales, la jeune scientifique, incapable d'assimiler davantage ce que lui racontait Marc, espérait s'adapter au fil des jours aux fonctionnements qui prévalaient sur la goélette.

Or, les exigences du calendrier très serré des stations d'échantillonnage de la mission de Tara n'offraient pas un tel luxe. La nouvelle arrivante devait se fondre immédiatement dans la dynamique d'ensemble, y trouver et y assumer sa place. Sur la goélette, après la sécurité des personnes, les impératifs de l'expédition océanographique prévalaient sur toute autre considération.

*

Vers la fin mars, les balbutiements du printemps apportèrent les jonquilles, les perce-neige et, avec eux, les rayons du soleil qui libérèrent de la glace la surface de la Clarée. L'arrivée massive des eaux apportées par la fonte des neiges éleva suffisamment le niveau du ruisseau pour décrocher le ballon de son enclos de pierre. Si le film bactérien le recouvrant masquait en partie sa couleur rouge, l'inscription "Recyclez-moi" avait, elle, complètement disparu. L'encre à la composition dissimulée par les fabricants, puisqu'il fallait absolument garder le secret industriel et garantir le fonctionnement d'une saine concurrence économique, s'était diluée sous l'effet conjugué du gel et des microbes. La véritable identité des additifs, même les plus nocifs, connus des seuls plasturgistes qui les avaient manipulés, resterait un mystère. Or, le subtil dosage d'éléments chimiques contenus dans les matières plastiques commença à se propager dans l'eau vers des destinations inconnues, décimant sur son passage de nombreux têtards. La toxicité du ballon qui avait été jeté des mois plus tôt dans le ruisseau demeurerait une énigme, tout autant que ses effets possibles sur la faune, sur la flore et, au final, sur le corps humain.

Une truite arc-en-ciel, espérant sans doute se nourrir de mousse, s'étouffa et trépassa en ingurgitant un large bout de plastique. Les restes du ballon continuèrent leur chemin au rythme soutenu du courant à travers la plaine ensoleillée du village de Névache, ils se mêlèrent au breuvage des troupeaux de bovins qui étanchaient leur soif au milieu des alpages, sous les premiers bourgeons ornant les branches des érables, des sycomores et des hêtres. Près de la ville de Briançon, les déchets de polyéthylène se jetèrent dans la Durance.

Au grand soleil de l'été, l'eau verte de la capricieuse Durance, qui avait pris sa source au sommet des Alpes, charria les lambeaux de plastique à travers les plaines vallonnées, parfois boisées, parfois pierreuses du Sud de la France. En échouant sur les rives, certains morceaux s'entremêlèrent aux tessons de bouteilles, aux bouts de tissu et aux autres détritus laissés à l'abandon par les touristes. Puis, à l'endroit recouvert d'herbes et de boue sur les contours de la zone de confluence, la majeure partie de ce qui restait du ballon rouge atteignit le Rhône. Le fleuve permit aux résidus de plastique de longer le parc naturel régional des Alpilles et de traverser celui de Camargue, déposant chaque fois une partie de ses substances nocives fabriquées à partir de gaz naturel ou de pétrole brut.

*

Depuis l'aube des temps, loin en dessous du ciel balayé par le souffle tiède de la brise au crépuscule, là-bas sous le manteau bleu des flots, s'entendait le chœur insolite des peuples microscopiques. Alors que le calme était trompeur en surface, les profondeurs, elles, s'animaient d'incessantes turbulences. Chaque nuit se jouait dans les ténèbres la symphonie nocturne des étreintes compulsives et câlines menées par les habitants des mers et des océans. À croire qu'en plus d'avoir participé aux balbutiements de la vie, ce serait à des êtres sous-marins infiniment petits que la Terre devrait le génie d'avoir imaginé et créé la nature de cet élan qui guidait les amoureux vers les sentiments les plus intenses, à l'origine des bienfaits les plus délicieux. Ce monde sauvage et méconnu des fonds marins obéissait à des lois difficilement accessibles aux habitants de la terre ferme. Les règles troubles de l'univers liquide qui guidaient l'existence des espèces aquatiques, spécialistes de la survie sur la planète depuis des temps immémoriaux, échappaient même en partie à l'expertise des scientifiques les plus expérimentés. Qu'ils soient marins, artistes ou techniciens chevronnés, les logiques chaotiques des abysses indomptés surprenaient toujours les humains. Même s'il ne s'était encore trouvé personne pour consacrer ou vanter le lien puissant qui pouvait naître et se développer entre deux organismes vivant en suspension dans les eaux, ces unions célébrées quotidiennement et dans l'obscurité des océans depuis l'origine de la vie ressemblaient par de nombreux aspects à de l'amour. Comme si bien avant les humains, leurs chanteurs, leurs philosophes et leurs poètes, les animaux et les plantes primordiales avaient inventé au cœur des océans la magie d'être deux, et de s'aimer. Mieux encore, ces êtres microscopiques, sans doute grâce à leur incroyable expérience accumulée durant des centaines de millions d'années, montraient parfois des capacités à s'unir qui dépassaient celles des mammifères. Là où des individus d'une espèce prétendument supérieure comme *Homo sapiens* pouvaient déployer une incroyable agressivité jusqu'au meurtre envers leurs congénères au motif d'informations visuelles aussi insignifiantes que la couleur de leur épiderme, Héliosphéra avait pour ambition de transcender les frontières qui séparaient les règnes animal et végétal.

Ainsi, aux premiers instants de son existence, l'instinct de la délicate Héliosphéra lui dictait de se mettre sans plus attendre à la recherche d'une zooxanthelle, celle, l'unique parmi la multitude d'algues unicellulaires sphériques, brunes, jaunes ou vertes, qu'elle accueillerait en son sein. Le besoin de se trouver, de se rejoindre, de s'unir et d'exister enfin pleinement, ensemble, habitait déjà la nouvelle-née. Inspirée, elle allait se mettre en route pour sceller un lien puissant : l'union sensible et charnelle de deux êtres pourtant dépourvus de cerveau. Héliosphéra se préparait à voguer vers les couches superficielles de l'immensité liquide, à risquer une itinérance périlleuse, en mettant le cap sur le milieu naturel de sa promise, là où elle allait se fondre à son tour dans une symbiose salvatrice et durable. Mais les heures lui étaient comptées. Sa durée de vie ne lui laissait que très peu de temps pour parfaire sa symbiose.

Un premier impératif s'imposait à elle : la nécessité de s'alimenter. Elle ressentit tout de suite la morsure de la faim comme une urgence, une injonction à emmagasiner suffisamment d'énergie pour espérer survivre à la pénible remontée de la colonne d'eau qui l'amènerait à la partie de l'océan où se concentraient les populations de plancton végétal. Vint ensuite l'attente. Contrainte par sa nature à rester immobile dans l'obscurité des eaux qui sortaient lentement de leur léthargie avec la fin de la canicule, Héliosphéra demeura plusieurs heures à flotter sur place. De l'Antarctique, aux confins de la planète, se levèrent des vents qui provoquèrent des bouleversements d'envergure dans les entrailles du Pacifique. Une onde sous-marine, d'abord discrète, s'intensifia, puis amorça une ascension vers les endroits les plus exposés au soleil. L'apathie qui avait longtemps paralysé les mouvements indispensables à la vie dans l'océan disparaissait à la faveur d'un courant froid et vigoureux venu des profondeurs. Une vaste lame de fond s'était formée, elle remontait, suscitant d'abord un bouillonnement, puis l'annonce du changement tant attendu : une excellente nouvelle pour Héliosphéra et pour l'ensemble des populations aquatiques en péril.

*

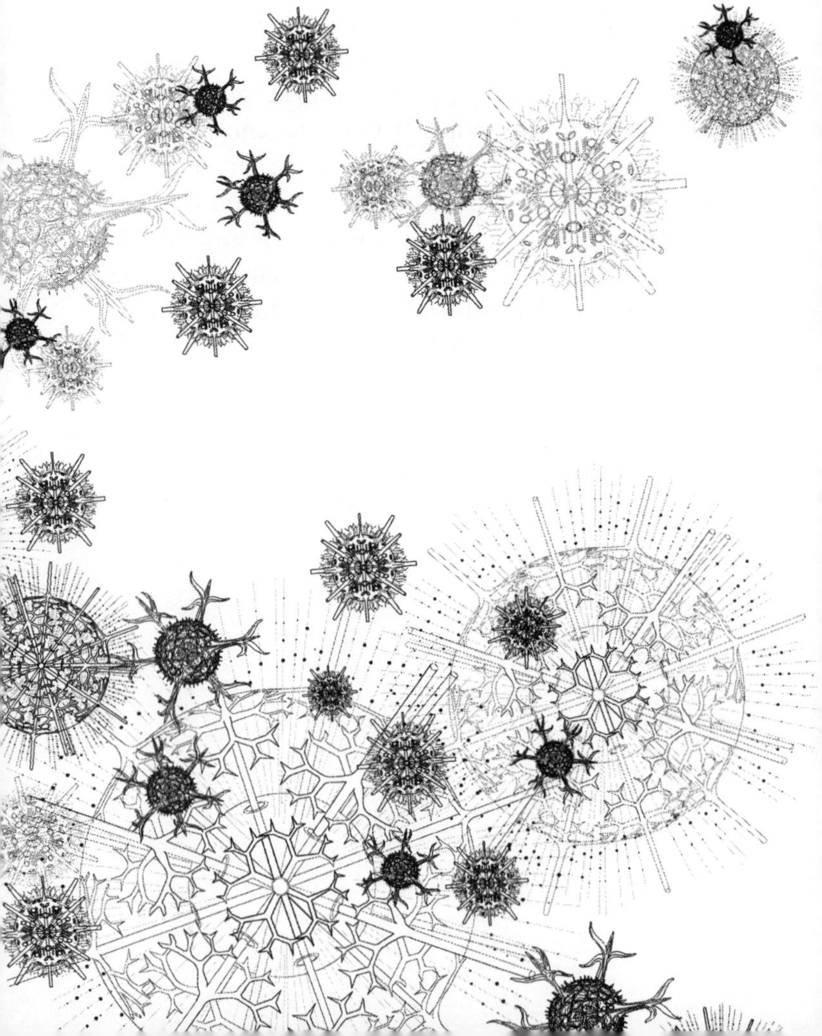

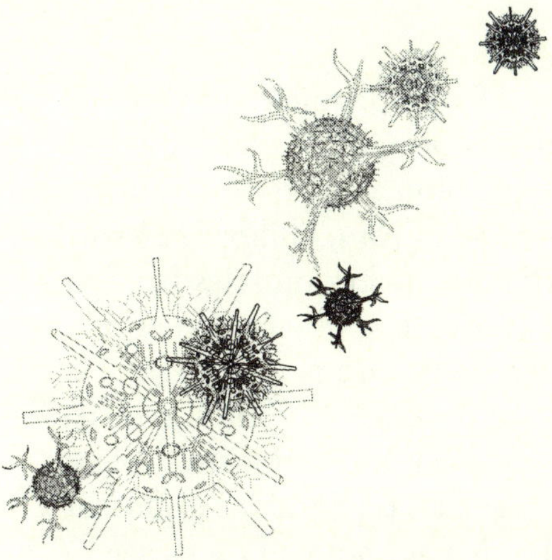

Après les présentations d'usage et l'exposé des consignes de sécurité, le travail sur Tara reprit ses droits. Les scientifiques avaient passé les jours précédents à faire l'inventaire des prélèvements effectués depuis le début de la mission en Patagonie en vue de préparer le *shipping* : l'acheminement des échantillons recueillis vers des laboratoires aux quatre coins du globe. Une véritable course contre la montre pour respecter la chaîne du froid pendant le remplissage des cartons préalablement vérifiés par la douane. Des véhicules frigorifiques allaient arriver pour livrer les éléments savamment conditionnés dans des antennes chiliennes mais, surtout, pour rejoindre l'aéroport international de Santiago et les envoyer dans le monde entier.

Marta saisit l'occasion pour dresser avec Ollanta un bilan détaillé du travail méticuleux effectué jusque-là, puis la nouvelle venue fut lancée dans le grand bain de cette étape très sensible. Ollanta se réjouissait, la perspective d'entrer tout de suite en action la motivait, malgré l'impératif de ne commettre aucune faute au risque de ruiner le labeur de plusieurs semaines. L'équipe accordait un soin particulier à l'ADN des organismes marins qu'il fallait manipuler avec précaution et rapidité afin d'éviter les contaminations. Certains gènes ne survivaient pas à une variation de température de plus d'un quart d'heure. Comprendre et agir vite, très vite. Dès les premières minutes, la jeune femme ressentit énormément de tension sur le pont, une lourde pression s'abattit aussi sur ses épaules. Aidés par les marins Tom, Philippe et Marc, les scientifiques s'affairaient. Les muscles bandés, Pep et William se saisirent de plusieurs caisses préparées à l'avance. Ollanta remarqua tout de suite la peur et l'inquiétude sur le visage de Raul. Il avoua à Alain qu'il craignait que certaines étiquettes soient égarées, inversées, ou que les échantillons explosent sous des chocs thermiques au moment du passage à haut risque entre l'azote liquide utilisé sur le bateau et la carboglace des véhicules. Plus que tout, le Chilien appréhendait le moment clé qui déterminerait si les échantillons resteraient exploitables ou pas.

Tara ressemblait à une fourmilière en effervescence, les regards concentrés, les gestes précis. Perdue dans l'atmosphère électrique, Ollanta se sentait sommée d'anticiper en même temps qu'elle apprenait, en s'efforçant d'assurer le rôle d'assistante que ses nouveaux collègues lui avaient confié. Ils attendaient d'elle une disponibilité de chaque instant. Ollanta avait à cœur de ne pas devenir un boulet, elle ne relâchait ni ses efforts ni son attention. En sueur, d'abord debout, puis le dos courbé et enfin un genou à terre, les mains enserrées dans d'épais gants rouges pour se protéger des moins cent quatre-vingts degrés de l'azote liquide, elle avait peur de lâcher prise. Ne pas risquer le mauvais geste, éviter l'erreur fatale. De larges lunettes transparentes couvraient la moitié de son visage pour éviter d'être coupée par des éclats lorsqu'elle versait de petits bouts de glace autour des boîtes en plastique contenant les précieux prélèvements. Mais la lourde monture la gênait et les verres troublaient sa vue. Novice, Ollanta devait se concentrer plus que les autres sur la précision de ses gestes, alors que les produits réfrigérants durcissaient le cuir autour de ses doigts. Trop étourdie par l'émotion, elle avait oublié de revêtir ses chaussures de sécurité et glissait sur le sol humide. Constamment en équilibre précaire, elle peinait. Même la musique en sourdine, hip-hop ou reggae, n'arrivait pas à la détendre. Le soleil au zénith avait chassé la pluie, la jeune femme transpirait et le coton de son tee-shirt qui collait à sa peau entravait chacun de ses mouvements. Nullement préparée à l'exercice, elle souffrait, serrait les dents, continuait sans se plaindre, mais le *shipping* n'en finissait pas.

Heureusement, la confiance que Marta et les autres scientifiques plaçaient en elle malgré son inexpérience la valorisait, et lui permettait de trouver une énergie nouvelle. Elle appréciait cet esprit de collaboration et d'association qui l'avait motivée à devenir scientifique et à candidater à ce programme de recherche international. Ce qu'elle avait admiré à de nombreuses reprises en tant que spectatrice anonyme lorsqu'elle visionnait des documentaires sur des expéditions de par le monde, elle le pratiquait maintenant *in situ*. Alors elle surmontait la douleur, heureuse qu'elle était de se trouver au début de la chaîne qui allait rendre accessibles à tous les études concernant cette partie de l'océan que Tara traversait pour la première fois. Il était convenu que les laboratoires partenaires de l'expédition travailleraient dans la plus grande transparence et mettraient gratuitement leurs conclusions à la disposition du grand public. Une conception – chère à la jeune femme – de la science vectrice de ciment social pour la communauté et ouverte à toutes celles et tous ceux qu'elle intéressait. Ollanta était très attachée à l'idée de vulgariser le propos scientifique autant qu'à l'importance de faire œuvre d'éducation environnementale, et cela commençait ici, sur le pont de la goélette. Encouragée par Solenn et Marie, elle se redressa, scruta le fil de l'eau jusqu'au large, inspira longuement, remercia les deux femmes qui lui prêtaient main-forte, s'épongea le front de la paume et poursuivit sans se plaindre, même si le *shipping* s'éternisait. Déterminée, elle s'accrocha jusqu'à la fin des opérations.

Ollanta n'en pouvait plus. Elle était exténuée. La faim la gagnait, de gros nuages masquaient de nouveau le soleil, elle avait déjà froid, or les températures automnales continueraient à chuter dès la tombée de la nuit lorsqu'ils atteindraient la haute mer, dans cinq heures. Marc venait de lui annoncer la décision du capitaine alors que le dernier véhicule s'éloignait du quai. Un peu gêné, il ajouta qu'elle effectuerait son premier quart de nuit, un moment de veille entre deux et quatre heures du matin. Ollanta ne disposerait que de très peu de temps pour dormir. Pourtant, cette nouvelle requinqua la jeune femme, puisque bientôt débuterait le voyage à la voile tant espéré. Mais, un peu inquiète, elle écarquilla les yeux, incertaine que son corps puisse supporter autant d'épreuves en un temps si court.

*

L'activité dans les forêts sous-marines du Pacifique longeant la côte chilienne connaissait enfin une nouvelle impulsion. L'arrivée d'énormes quantités d'eaux glaciales provoqua des soubresauts de grande envergure, un formidable élan secoua l'épaisse jungle d'algues longues de plusieurs mètres. Les "tiges" qui ondulaient mollement furent ballottées par la puissance du courant, comme emportées dans une tempête tropicale. Parfois, quand certaines pliaient, leurs fines "feuilles" plates et longilignes s'entremêlaient dans une confusion de vert et d'ocre. En se relevant ou en basculant dans la direction opposée, elles produisaient une forte pluie de particules multicolores de différentes tailles au cœur de l'océan, des projections tous azimuts, des poussières d'éléments organiques qui jaillissaient vers le haut avant de retomber lentement, presque en apesanteur. Des bulles d'air se formaient, beaucoup explosaient en silence en remontant. De nombreux organismes microscopiques se détachaient de l'extrémité des plantes qui ondoyaient dans le courant, disséminant de la nourriture en abondance : la promesse d'un festin pour les différentes espèces de zooplancton.

Parmi les micro-végétaux éparpillés dans la vaste et dense forêt sous-marine sous l'effet de la lame surgie des abysses, pullulaient les diatomées. Des composants du phytoplancton cylindriques de moins d'un millimètre aux étonnantes couleurs de pierres précieuses. Dans la tourmente qui avait aspiré Héliosphéra non loin de là, une dizaine de diatomées essayaient désespérément d'entamer leur processus de connexion pour mieux résister aux éventuels prédateurs. Aimantées les unes par les autres, elles frétillaient tout en s'attirant mutuellement pour former une chaîne. Pour se protéger des assaillants qui fourmillaient depuis le regain de dynamisme, ces algues aux airs de bijoux qui décoraient les mers depuis des temps immémoriaux s'empressaient de s'agréger en colonies ressemblant à des chaînes molles, sortes de colliers bariolés. Mais les remous des flots tumultueux firent échouer la plupart des tentatives de connexion. Les rares qui y parvinrent ne réussirent pas à solidifier leurs attaches, toutes se délièrent, rendant chaque individu plus vulnérable. Elles étaient exposées sans secours aux multiples dangers de l'océan. Les plantes minuscules se retrouvèrent aux abois, privées de la force dissuasive du groupe, jetées en pâture aux nombreux prédateurs tels les anchois, les sardines ou les redoutables colonies de *Peridinium*. Ces micro-animaux très voraces, armés de plaques d'un matériau dense et d'un filet pour digérer leurs proies, avaient retrouvé de l'allant et s'agitaient, décidés qu'ils étaient à ne pas rater l'occasion de se nourrir après les temps de pénurie. Souvent havre de paix, l'habitat naturel des diatomées s'était transformé en fosse aux horreurs ; seul leur nombre immensément important pouvait les sauver du désastre de l'extermination.

Un banc de krill formant un large cercle au-dessus d'elles en repéra suffisamment qui flottaient dans leur direction. Leur convoitise attisée, ces minuscules crevettes en quête de nourriture se préparèrent et la chasse débuta. Elles modifièrent en même temps leur trajectoire et s'abattirent sur les diatomées isolées qui, malgré la dureté de leur coquille cristalline, ne résistèrent pas longtemps aux attaques de la horde d'agresseurs qui s'empressèrent de les avaler en filtrant l'eau dans laquelle elles baignaient. Pour échapper à leurs bourreaux, certaines diatomées réussirent, dans un dernier sursaut, à colorer la forêt sous-marine de pigments orange, violets ou roses qui désorientèrent le krill – elles trouvèrent ainsi un peu de répit.

De son côté, après avoir été absorbée par le tourbillon des masses d'eau venues des profondeurs, Héliosphéra avait été propulsée à grande vitesse vers le sommet de la colonne d'eau. Contrainte de s'accorder comme elle pouvait au mouvement qui la rapprochait de la surface, la fragile demoiselle sphérique avait tourné sur elle-même à la manière d'une toupie, progressant au hasard en un ballet gracieux de dentelles organiques immaculées, avant de se stabiliser dans la canopée au milieu du foisonnement de nutriments. Enfin, elle s'égara dans le bouquet de couleurs vives engendré par les diatomées. Héliosphéra, comme saisie de faibles convulsions, s'illumina d'une intense lueur bleu argent et, très repérable, scintilla dangereusement sur la trajectoire du krill. Pris dans la frénésie de leur festin, les petits crustacés étaient déterminés à capturer jusqu'à la dernière de leurs proies et à se nourrir de tout organisme qui croiserait leur route.

*

Selon le rituel parfaitement rodé qu'elle pratiquait chaque jour sans exception pour le déjeuner et le dîner durant ses trois mois de navigation, Solenn avait commencé à s'occuper du repas dès la fin de l'après-midi en effectuant une dizaine d'allers-retours entre la réserve de la cale avant et la cuisine située à côté du carré. Après avoir visionné ses dernières images, Marie l'avait aidée à couper des pommes de terre et, tout en écoutant leur playlist préférée, mélange de musique soul et de rock des années 1990, elles avaient concocté un gratin dauphinois, une salade composée et une tarte végane pour toute l'équipe. William, Alain, Philippe et le capitaine, de service ce soir-là, cessèrent leurs activités un peu plus tôt que les autres pour dresser le couvert, puis l'un d'eux sonna la cloche.

Sur le pont, Ollanta accueillit le tintement avec un énorme soulagement, elle n'en pouvait plus. Endolori par le voyage transatlantique et par les efforts physiques et mentaux qu'elle avait dû fournir pour le *shipping*, son corps la faisait souffrir. Pep remarqua qu'elle peinait, il la dispensa de la corvée de rangement des derniers emballages dans le laboratoire à l'intérieur du bateau. Dix minutes plus tard, tous descendirent dans le carré, les uns s'assirent à la grande table, les autres aux deux restantes, plus petites.

Ollanta prit place près de Marie et de Philippe. Tous étant exténués après l'intense activité des dernières heures, le dîner fut pris d'abord dans le silence. Ils goûtaient le retour au calme et à l'intimité retrouvée du cocon de la goélette. À mesure qu'ils se rassasiaient commencèrent les discussions, les railleries amicales, les rires et, vers la fin du repas, Solenn et Marie furent complimentées par des applaudissements. Ollanta profita de sa proximité avec Philippe pour l'interroger sur la mythique dérive arctique de Tara à laquelle il avait participé bien des années plus tôt. Ils échangèrent quelques mots mais le marin dut se lever pour épauler son groupe de service. Les quatre hommes débarrassèrent les tables, les nettoyèrent, firent la vaisselle et la rangèrent dans les tiroirs scellés par une lame de bois qui les tenait fermés même en cas de mer très agitée. Au moment du café, Ollanta s'était un peu ragaillardie, elle hésitait à rejoindre sa cabine mais ne put s'empêcher de s'installer à la grande table où s'était engagé un débat passionnant à propos du confinement. Avec leurs tasses fumantes, Marc, William et Tom relataient à la correspondante de bord un précédent épisode d'isolement à bord de Tara, une expérience d'un autre type que celle imposée par la crise sanitaire.

Tous les trois avaient participé à une mission en mer Rouge avec trois stations d'échantillonnage prévues et une escale à Djeddah, en Arabie saoudite. Tom tenait à préciser d'emblée que la tension à bord était palpable : ils avaient pénétré une zone gangrenée par des conflits incessants depuis un siècle pour cause de guerre ou de piraterie. Une région où très peu d'expéditions océanographiques s'étaient déroulées. Malgré tout, l'ensemble de l'équipage s'était réjoui de traverser le canal de Suez. Marc avait été impressionné par ce qu'il qualifiait de remarquable prouesse technologique du XIXe siècle. Mais, pétri de sciences, William rappela que ce passage créé artificiellement par l'homme entre des mers séparées depuis des millions d'années produirait forcément des effets à très long terme dont on ignorait encore les conséquences. Alain, qui venait de les rejoindre, anima la discussion en énumérant une série de dysfonctionnements déjà observés parmi les populations de plancton en Méditerranée, mais Marie se permit de lui couper la parole afin que Tom poursuive son récit. Il reprit en racontant qu'au large de l'Égypte, tout avait commencé à devenir difficile. Marc se souvint de l'incompétence du pilote local qu'ils avaient été obligés d'embarquer, comme dans chaque port, pour les guider dans le passage, mais celui-ci faillit les faire entrer en collision avec un énorme gazier. La communication entre le capitaine et l'homme qui maîtrisait très mal l'anglais s'était révélée catastrophique. L'ancien officier de la marine marchande égyptienne avait éprouvé tant de mal à s'adapter à la forme très particulière de Tara que Tom avait préféré ignorer ses conseils pour ne pas endommager la goélette. William évoqua alors la vigilance de tous les instants lors de l'échantillonnage dans le Nord de la mer Rouge au milieu d'un trafic très dense puisque chaque année, près de vingt mille navires passaient par là et, une fois les filets dans l'eau, toute manœuvre d'évitement d'un cargo devenait presque impossible à réaliser. Tous ces efforts pour découvrir un désert océanique où peu d'espèces arrivaient à survivre à l'hostilité de l'environnement. La remarque de William fit rire tous ceux présents autour de la table.

Bercée par les mouvements de la goélette et sous le charme du récit du bout du monde qui fusait de part et d'autre, Ollanta souriait malgré son épuisement, le menton posé sur ses deux poings. Elle écouta attentivement la suite : le briefing du capitaine avant l'escale à Djeddah. Tom avait insisté pour que le bateau soit remis en ordre à l'intérieur et sur le pont. Les alcools furent placés sous clé, la viande de porc dans des sacs-poubelles et le visage des femmes devait être voilé pour se conformer aux mœurs locales. À chaque escale, comprit Ollanta, les équipages de Tara devaient abandonner le mode de vie communautaire et égalitaire qui régnait à bord pour s'adapter aux règles en vigueur à terre selon le pays. Marc avait donc hissé un pavillon vert frappé d'un sabre courbé et d'une inscription en arabe : le drapeau de l'Arabie saoudite. Plus tard, ils avaient accosté mais, un peu comme au Chili en temps de covid-19, étaient restés consignés sur Tara. Pendant deux jours ils n'avaient vu que le port, regrettait Tom, n'apercevant de la ville que le sommet d'un minaret. Le temps avait été rythmé par les appels du muezzin qui retentissaient au loin. Le capitaine expliqua qu'ils étaient arrivés un vendredi, tout était bloqué, il leur fut impossible d'obtenir des visas pour descendre à terre. L'impasse diplomatique les avait cantonnés à bord dans la chaleur étouffante du Moyen-Orient. La frustrante escale s'était terminée quarante-huit heures plus tard.

Alors qu'ils avaient retrouvé la liberté du grand large en se dirigeant vers le sud, les vrais problèmes débutèrent. Ollanta, qui somnolait, se ressaisit et tendit l'oreille. Un masque de gravité figea les visages de William et de Marc lorsqu'ils se rappelèrent le golfe d'Aden, un secteur à haut risque où sévissaient des pirates entre le Yémen et la Somalie. Par radio, Tom avait reçu une alerte sécurité sur la zone et avait tout de suite rassemblé les marins et les scientifiques en prévision d'une attaque. À tous il avait conseillé de rester assis et d'écouter les éventuels assaillants, de ne surtout pas jouer les héros puisque dans la plupart des cas ils n'en voulaient pas aux personnes mais aux biens. Là encore la consigne avait été de se regrouper dans le poste avant du carré et de ne plus le quitter, rester pacifique mais faire bloc pour éviter une tentative de kidnapping contre rançon. Des raisons d'être confinés somme toute plus dangereuses que celles auxquelles ils étaient confrontés. Ollanta bâillait déjà quand le capitaine conclut que la mission avait été suspendue le temps de regagner la zone plus sûre de Djibouti, l'une des perles de l'Afrique. La goélette s'était alors mise sous la protection de la marine nationale française qui, prête à intervenir en cas d'agression, la suivait à distance. L'ingénieure d'études souhaita bonne nuit à l'assemblée lorsque Tom se remémora avec émotion le franchissement de la porte des Lamentations. Selon la légende, le détroit qui reliait la mer Rouge au golfe d'Aden résonnait encore des souffrances de ceux qui périrent au moment de la séparation de l'Afrique et de l'Asie.

Ollanta regagna l'exiguïté de sa couchette et s'allongea tout habillée pour rester opérationnelle et se protéger de la fraîcheur. Même si elle se réjouissait de bientôt quitter le port pour la haute mer, elle n'avait pas la force d'assister au relevage de l'ancre et aux manœuvres de déploiement des voiles qui précédaient le départ de la goélette. Elle avait besoin d'un sommeil salvateur, de se reposer un tant soit peu avant de vivre pleinement l'ivresse du grand large.

*

Des colonies de zooxanthelles peuplaient les eaux au large du Chili dans la partie supérieure de l'océan entre cinquante et cent mètres de profondeur ; certaines vivaient en suspens dans l'ivresse apaisante du Pacifique, mais la plupart restaient accrochées aux fonds rocheux. Appartenant au plancton végétal, ou phytoplancton, ces algues microscopiques jaune-brun piqué de rouge, de l'embranchement des dinoflagellés, ondulaient dans le clair-obscur en des mouvements lents. Regroupées en formations d'une centaine de milliers de sœurs, elles flottaient là où les masses d'eau n'exerçaient qu'une très faible pression sur elles. Légères, en adéquation avec l'environnement aquatique et doux qui les abritait, elles proliféraient là où le soleil rayonnait intensément sur le haut de la colonne d'eau, réchauffant à la fois les membranes externes de ces minuscules plantes, leurs peaux intermédiaires plus solides ainsi que la couche interne, très souple, de leur corps rond et mou. Entourées par un immense cocon d'eau chaude, et leurs flagelles postérieurs arrimés à la roche spongieuse, les algues minuscules tournaient en se laissant bercer par les faibles courants.

Tout en virevoltant au ralenti, elles se nourrissaient en pratiquant la photosynthèse, se gorgeant d'énergie lumineuse pour créer leurs propres substances organiques. Elles se développaient en s'alimentant de simples molécules minérales présentes dans l'océan. Bien qu'invisibles à l'œil nu, elles poursuivaient calmement leur croissance jusqu'à sortir de la phase végétative de leur cycle de vie, la forme prédominante de leurs organismes. Si l'écrasante majorité d'entre elles contribuaient à la calcification des coraux qui, des millions d'années plus tard, constitueraient la matière de formations rocheuses et de certaines plages, il en était qui souffraient d'absence, d'un manque de complémentarité. Une carence à laquelle elles ne pouvaient remédier que par la fusion avec un autre individu planctonique, afin de parfaire les contours de leurs êtres, de leur offrir l'étendue de leur dimension, et de se délecter de tout ce qu'elles méritaient de vivre en donnant corps à la promesse d'amour. Celles-là se sentaient inachevées, tourmentées, comme habitées par une autorité supérieure qui se serait emparée d'elles et substituée à leur instinct de survie. Leurs faits et gestes s'orientaient vers un seul but : la rencontre de l'autre et de ses différences pour pallier le manque.

L'une d'elles, enfin arrivée à maturité, fut d'abord prise d'une exaltation soudaine et s'isola. Ensuite, ses organes locomoteurs formés et débordante de vitalité, Xanthelle commença soudain à frétiller, à trembler de manière convulsive, puis elle se mit en route en quête de celle qui étancherait la soif qui la consumait, comblerait le vide à ses côtés, et empêcherait que se tarissent ses forces et son goût d'être au monde. Au terme de nombreux efforts, elle réussit à délivrer ses filaments de l'enveloppe organique qui les enserraient. Ils perforèrent ses trois strates extérieures, prirent leur élan et commencèrent à se mouvoir en se propulsant simultanément vers l'avant, sans à-coups. Elle progressait en exécutant une élégante danse végétale sur la toile azur de la mer. Xanthelle mêlait ses tons jaunes, bruns et pourpres aux couleurs vives de la faune et de la flore, élaborant ainsi un singulier kaléidoscope ambulant, une sorte de serpent arc-en-ciel en mouvement.

Comme étourdie par l'ivresse des profondeurs, l'algue tourbillonnait de plus en plus vite, elle se perdit plus loin au cœur d'un bouquet broussailleux de gorgones aux chairs violettes et ocre ramifiées en forme d'éventail. De moins en moins vigilante, elle ignora le passage d'un requin qui patrouillait au-dessus d'elle. Avec sa membrane fine, Xanthelle se plaisait à caresser l'épiderme des polypes lorsque les eaux autour d'elle s'illuminèrent d'une clarté blanche… au passage d'un cténophore. Le prédateur en forme de cloche d'un centimètre et demi se laissait porter très lentement par le courant. Il scintilla tout à coup en émettant une encre rouge aux reflets bleus, s'arrêta au-dessus de la petite algue et, prêt à la harponner, déploya les longs cils urticants en forme de peigne qui pendaient à l'extrémité de son corps.

*

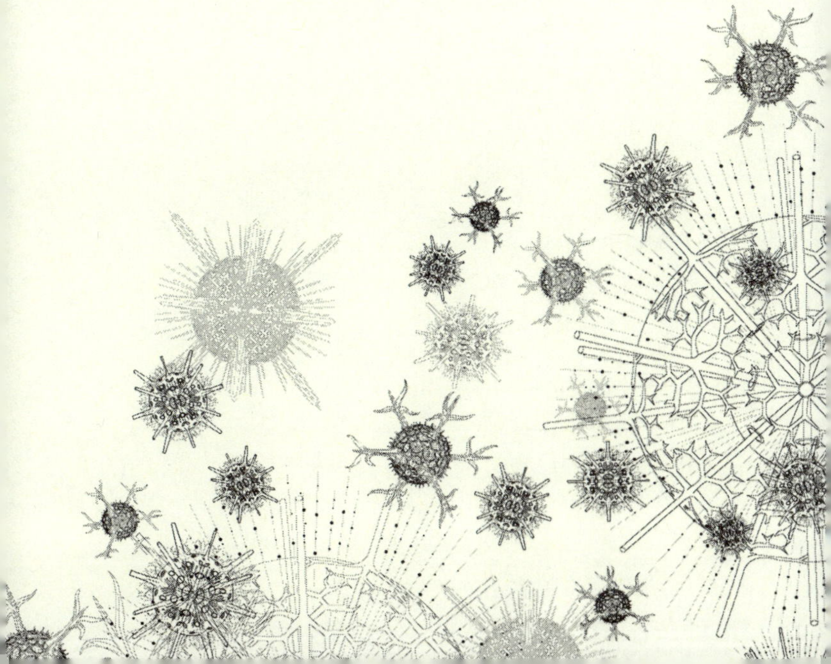

Ollanta découvrit les effets de la navigation en haute mer lorsque Solenn lui secoua délicatement l'épaule pour la sortir de son profond sommeil. L'ingénieure d'études avait beaucoup transpiré et se réveilla avec une désagréable sensation ; elle avait chaud et froid en même temps et, nauséeuse, sentit immédiatement le mal de mer grouiller dans son abdomen. La marin-cuisinière, qui lui murmurait à l'oreille qu'il était l'heure de prendre son quart, se rendit tout de suite compte de son état et proposa d'abord de la remplacer ; d'autres occasions se présenteraient pour qu'elle puisse lui rendre la pareille. Les deux mains posées sur le ventre, Ollanta tentait d'empêcher son estomac de se soulever ; avec une grimace elle répondit qu'elle préférait malgré tout essayer. Solenn lui conseilla alors de vite sortir à l'air libre et de concentrer son regard sur un point fixe de l'horizon, la meilleure façon de faire passer les vertiges. Mais avant de rejoindre le pont, la jeune femme dut tout de même se précipiter dans les toilettes et s'accroupir devant la cuvette. Tout tournait autour d'elle, les haut-le-cœur se succédaient, des flots de bile acide lui brûlaient la gorge en remontant vers sa bouche sans vraiment la soulager. Le supplice dura quelques minutes avant qu'elle ne réussisse à se lever, se moucher et se rafraîchir le visage à grande eau. Elle monta prudemment l'escalier, les intestins toujours noués et un goût âcre dans la bouche. Une fois à l'extérieur, la brise marine la revivifia, alors elle se força à fixer son regard sur les dernières lumières des villages qui s'endormaient là-bas sur la côte. Ollanta lutta encore une bonne vingtaine de minutes et, une fois les lueurs disparues, le monde devant ses yeux retrouva suffisamment de stabilité, la crise était passée.

Au loin venait de s'éteindre le monde des humains, la laissant seule au milieu de rien, ou du Grand Tout selon le point de vue ; Ollanta apprécia cette sensation déroutante, enivrante et un brin inquiétante. La côte s'était effacée, la jeune femme se leva, il était temps de se ressaisir et de remplir les missions qu'exigeait le quart. Elle scruta d'abord minutieusement le fil de l'eau à bâbord, à tribord, puis elle s'assura qu'il n'y avait rien d'anormal sur le pont de la poupe à la proue. Après ces inspections, elle observa longuement les étincelles de la voûte étoilée et comprit enfin l'origine de cette expression. Ici, au beau milieu du Pacifique comme nulle part ailleurs, le ciel prenait vraiment la forme d'une demi-sphère, comme une cloche posée sur le monde. Elle rêva un peu, Ollanta, puis décida de descendre rejoindre son compagnon de quart.

Elle entra dans la timonerie et se posta debout à côté de Laurent, le chef mécanicien qui, concentré, tenait la barre, contrôlait les différents radars et notait dans un grand cahier certaines informations fournies par l'ordinateur de bord. Dans la nuit qui se rafraîchissait, seuls le faible bruit des vagues contre la coque de Tara et l'écho du ronronnement du moteur entrecoupaient le silence. Ollanta retira sa large capuche et interrogea celui qui était responsable du bon fonctionnement de tous les aspects mécaniques du bateau, avec une attention particulière à la désalinisation de l'eau pour les besoins quotidiens. Elle souhaitait connaître les motivations qui l'avaient amené à prendre la mer sur une embarcation aussi singulière que la goélette Tara.

Étant de nature calme, taiseux, totalement dévoué à sa tâche durant les journées qu'il passait, pour l'essentiel, seul en compagnie de ses machines, la question le surprit un peu. Pris dans sa réflexion, il resta d'abord mutique avant d'adresser à Ollanta un sourire timide, presque embarrassé. Il tourna son visage vers le sien, ses yeux s'illuminèrent. Le goût de l'aventure, une réelle fascination pour les océans et pour les espaces naturels les plus variés, commença-t-il par affirmer. L'abnégation, mais surtout la passion, voilà ce qui lui semblait être les clés de tout. Un engagement total qui, pour certains, se payait parfois au prix fort de la difficulté à fonder une famille, à pérenniser un couple ou à entretenir durablement des liens sociaux, quand la moitié de l'existence se passait sur les mers, très loin des personnes les plus chères. Surtout, croire aux vertus de la connaissance pour éveiller les consciences, finit-il par dire en hochant la tête. Cet attachement aux missions océanographiques relevait du besoin d'adrénaline que seules apportaient les pérégrinations interminables aux quatre coins du globe, et de quelque chose de l'ordre du sacerdoce. Une sorte de foi en la science entendue comme un vecteur efficace pour créer un sursaut, changer les mentalités, infléchir la course folle de l'humanité vers la destruction inéluctable de son cadre de vie et des ressources nécessaires à sa survie.

La militante qu'était Ollanta se reconnaissait totalement dans cette conception que défendait Laurent. Pareille à lui et à tous ceux présents sur Tara, elle partageait l'espoir qu'un jour, à force d'actions concrètes, les attitudes évolueraient vers des comportements plus responsables à l'endroit de la nature. Vers des pratiques qu'elle qualifiait de plus saines parce que motivées par un souci de mesure et par un impératif de respect pour l'équilibre des écosystèmes primordiaux que représentait le monde sous-marin.

Laurent, comme la plupart des membres d'équipage, tous des marins aguerris, sillonnait les mers depuis de nombreuses années. Bien qu'ayant navigué aussi bien autour des pôles qu'en Méditerranée, en Antarctique, sur les côtes africaines ou ailleurs, persistait en lui une virginité, une propension inaltérée à l'émerveillement. Une fois embarqué, même s'il maîtrisait le moindre de ses gestes, l'idée d'agir selon une quelconque routine lui restait étrangère autant que celle de s'ennuyer des endroits qu'il avait déjà visités. Il lui confia par exemple attendre avec impatience ses retrouvailles avec Copiapó, la ville minière enclavée dans une vallée d'Atacama, l'un des déserts les plus arides du monde. Un territoire au nord de leur position, un espace où, pour lui, la désolation totale sublimait l'improbable paysage, le dotant d'une dimension lunaire. À perte de vue des collines nues, des cailloux et du sable, une étendue ingrate, exposée à un soleil implacable, sans le moindre mètre carré d'ombre. Il sourit en se souvenant des hameaux aux allures de cités oubliées, construits au pied des dunes et perdus sur le rivage au milieu de rien. Deux villages de pêcheurs distants d'environ un kilomètre avec, au centre, un terrain de football où Laurent ne désespérait pas d'assister un jour à un match. Il promit de le lui montrer le moment venu. Il y croyait vraiment, souffla-t-il dans un éclat de rire. Puis, il prit un ton plus sérieux, un léger trémolo dans la voix, pour dire à la jeune femme qu'il était certain que durant les minutes où la goélette virerait vers la côte rocailleuse pour se mettre au mouillage, il aurait comme toujours la sensation de faire un saut dans le temps et de devenir un explorateur du XVIe siècle découvrant une terre inconnue. Il avait hâte aussi de plonger dans l'eau glacée parmi les otaries, un pur délice, puis de rejoindre la plage à la nage. Fouler de ses pieds nus les grains de roches volcaniques à l'endroit où ils se mêlaient à la marée et aux nombreux coquillages ramenés par les vagues, puis agacer un crabe ou deux avec ses orteils.

Ollanta buvait ses paroles. S'exercer à apprécier l'intérêt de chaque détail, répéta-t-il, s'imprégner de ciel durant de longues minutes afin de saisir la course furtive d'une étoile filante. La magie de l'océan qui l'entourait ne résidait pas uniquement dans les rares événements spectaculaires qui s'y produisaient, comme l'avènement d'une tempête ou le surgissement furtif du dos d'une baleine sur lequel brillait le soleil. L'exceptionnel, c'était l'aptitude à remarquer et à s'arrêter sur ce qui, de prime abord, paraissait insignifiant mais renfermait en vérité toutes les nuances de l'inédit, du merveilleux. Apprendre par exemple à observer les subtiles variations de la couleur de l'eau pendant la navigation, et finir par savoir à quelle communauté spécifique de plancton correspondait chaque nuance. Laurent prônait l'art de magnifier l'anodin. S'efforcer d'écouter, ouvrir grand les yeux, s'exercer à interpréter les moindres déclinaisons sonores du bruit de l'océan dans la nuit du Pacifique. Il lui proposa de monter sur le pont.

Il regarda Ollanta et barra ses lèvres avec son index. Debout, côte à côte à l'arrière de la goélette, ils écoutaient attentivement. Ensemble ils scrutèrent l'océan et échangèrent un sourire, lorsqu'ils aperçurent un couple de requins chasser le long de la coque. Le chef mécanicien reprit la parole, encore plus volubile, ses yeux s'éclairèrent à la fantastique lumière du ciel dégagé. De son doigt, il parcourut la myriade d'étoiles piquées sur le fond obscur et désigna les Nuages de Magellan. Ollanta découvrit la Croix du Sud et la vaste tache argentée de cette galaxie satellite de la Voie lactée. Elle avoua avec émotion contempler ces astres pour la première fois. Ouvrant sa main tendue vers le haut, Laurent dessina l'étendue de la robe immaculée d'écume de notre galaxie en invitant Ollanta à examiner avec lui tous ces corps célestes un long moment, jusqu'à ce qu'elle entrevoie en même temps que lui la traînée dorée d'un point qui se déplaçait rapidement, une étoile filante, comme une discrète étincelle en mouvement. La jeune femme resta d'abord bouche bée, puis elle se mit à rire en trépignant sur place. Laurent la prit par le bras, ils retournèrent à la poupe, il lui montra le sillon argent, fluorescent, qui s'étirait sur plusieurs mètres. Ils étaient là, tout près, des centaines de milliers d'organismes microscopiques présents dans l'océan. Les turbulences générées par le bateau stimulaient les populations de plancton dont la bioluminescence faisait briller alors la surface du Pacifique : une image féerique sur le noir des vagues couvertes de nuit, une traînée luisante au diapason avec la course des étoiles ou avec celle de la queue d'étincelles de l'étoile filante repérée un peu plus tôt. Peut-être une manière de nous saluer, murmura Ollanta, comme si elle se parlait à elle-même, fort touchée d'être témoin de ce qui ressemblait à une tentative des hordes invisibles des eaux de lui manifester leur présence.

Une fois allongée sur sa couchette au terme de son quart, Ollanta resta pensive. Dans son regard brilla longtemps une lumière d'aube imprimée sur ses yeux par l'appel des peuples des profondeurs. Sa soif d'en apprendre davantage sur le phyto- et le zooplancton avait encore augmenté, les mots de Laurent l'avaient enchantée.

*

Sans partenaire de symbiose, pareille à d'autres espèces de radiolaires, Héliosphéra, nouvelle venue dans le monde à la fois mystérieux, féerique et impitoyable des fonds marins, serait contrainte d'endosser le rôle de féroce chasseresse promise à une vie d'errance, condamnée à traquer, à consommer des algues, des bactéries, à tuer et à se nourrir d'autres espèces de plancton, voire à se livrer au cannibalisme en cas de grave pénurie. Bien qu'élégante et délicate, elle serait réduite à devenir une prédatrice flottante qui, pour passer à l'attaque, attendrait le contact accidentel avec sa proie.

Alors que son corps scintillait au cœur du Pacifique, Héliosphéra remarqua le passage d'une dizaine de diatomées. Ces étonnants êtres aux couleurs de pierres précieuses attisèrent la curiosité de celle qui avait encore tant à découvrir de son univers. Elle les identifia instantanément comme des organismes comestibles qui réveillèrent en elle la sensation singulière et désagréable qu'elle avait ressentie peu après sa naissance quelques heures plus tôt : elle avait faim et devait s'alimenter rapidement au risque de dépérir. Héliosphéra estima sa position, elle se situait parfaitement sur la trajectoire d'une des diatomées qui se dirigeait droit vers elle, tout allait bien, plus que quelques instants avant l'inévitable rencontre. Son attention focalisée sur l'imminente opportunité de se nourrir, elle ignora la menace que représentait le krill qui s'approchait à grande vitesse, à la poursuite des diatomées. Si elle se faisait remarquer, elle serait perdue, sans secours possible. Lorsque l'essaim de crustacés surexcités et voraces s'abattit à nouveau sur les fuyardes, ce fut le choc. De gros yeux noirs et ronds en alerte, une formidable confusion d'appareils digestifs, visibles en transparence, qui fonctionnaient sans relâche, des points de lumière jaune et verte produite par les organes des minuscules crevettes éclairaient par intermittence le carnage. Ébullition d'eau salée, lambeaux de membranes déchirées, infimes bouts de silice cristallisée brisés et de carapaces fissurées, les diatomées agonisaient sous l'étau des pattes invertébrées. Tout à leur festin, les crustacés se gavèrent sans prêter la moindre attention à la sphère hérissée de piquants qui brillait sur leur passage.

De son côté, Héliosphéra restait imperturbable dans l'agitation, attendant patiemment la diatomée rescapée sur laquelle elle avait jeté son dévolu, l'une des rares micro-algues qui avait échappé à l'hécatombe. À l'approche de sa victime, elle déploya subitement de minces excroissances gélatineuses depuis son noyau central et captura sa proie. La délicate créature en forme de bijou de couleur émeraude tachetée de petits points jaunes, eut beau tenter de s'échapper en se débattant, elle ne fit que resserrer l'étreinte qui la nouait, déchiquetait sa peau fragile et la ramenait inexorablement vers les organes digestifs de son bourreau.

Une fois repue, l'appétit continuait pourtant à ronger Héliosphéra, mais il s'agissait là du désir d'une autre nature. Son repas n'avait finalement rassasié que les piquants de son corps rond, les tissus de son épiderme, sa couronne de dentelles organiques et la silice qui constituait son squelette mou. Mais elle demeurait dans un état d'indigence, dans une situation dont elle devait absolument se sortir pour remplacer ce besoin encore insatisfait par une sensation de satiété totale. Elle ne pouvait se résoudre à devenir une simple prédatrice vouée à manger les autres sans se faire manger elle-même. Or le temps qui lui restait s'était déjà réduit, augmentant le risque de flétrir et de dépérir prématurément. Incapable de se déplacer seule, Héliosphéra ondulait une fois encore dans la pénombre, en attente d'un autre mouvement qui l'emmènerait encore plus haut afin de se rapprocher des parties de l'océan qui constituaient le milieu naturel des zooxanthelles. Elle se préparait à remonter la colonne d'eau, avec en elle l'espoir impérieux d'être comblée de quelque chose, encore indicible, très difficile à identifier, mais dont elle était certaine d'être dépourvue au moment présent. En entrant en contact avec Xanthelle, Héliosphéra réussirait à s'écarter de sa nature prédatrice, à elle s'ouvrirait l'opportunité d'allonger son espérance de vie en supprimant sa propension à la violence. Immobile dans l'obscurité des flots qui retrouvaient leur quiétude, la dame translucide se tenait prête à offrir le meilleur d'elle-même, le plus bénéfique à Xanthelle, le but étant d'engendrer et de perpétuer une existence d'une essence supérieure en se sublimant toutes les deux dans la fusion. De leur rencontre, elle espérait que les qualités de l'autre deviendraient les siennes et qu'ensemble elles corrigeraient leurs défauts respectifs.

Mais, à l'extérieur, les premiers rayons de l'aube effleurèrent l'écume sur la peau de la mer et, quelques instants plus tard, lorsque la clarté du jour pénétra plus avant à l'intérieur des flots, l'avènement de la lumière dans cette partie supérieure de la colonne d'eau surprit l'ensemble du monde sous-marin, interrompant les agissements de tous. L'heure de la grande migration quotidienne avait sonné, le début du voyage vertical des communautés aquatiques, en route vers la sécurité des profondeurs. Héliosphéra se trouva

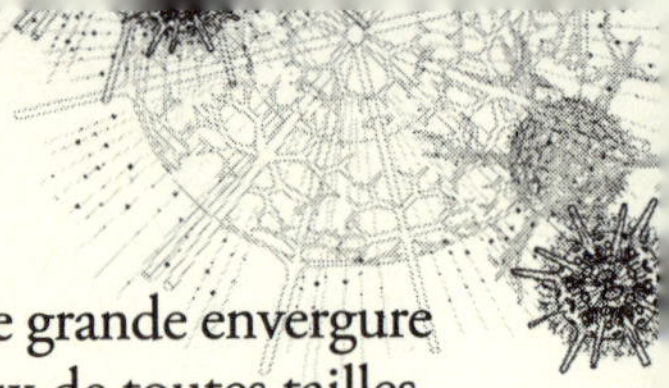

emprisonnée dans la circulation de grande envergure de larves planctoniques, d'animaux de toutes tailles, de poissons, de méduses, de mollusques et d'autres organismes plus ou moins connus se hâtant vers les abysses. Un exode dans la précipitation, dangereux puisque certains prédateurs aveugles, mais hypersensibles aux mouvements, comme les chétognathes, profitaient de ces instants chaotiques pour lancer leurs ultimes offensives en déployant leurs crochets translucides et mobiles dans la foule, au hasard. Les cils sensoriels répartis sur tout leur corps détectaient alors un nombre incalculable de déplacements. Des têtes chercheuses avides de chair en alerte maximale, des gueules dotées d'aiguilles fouillaient la cohue. Les rangées de dents tranchaient à l'improviste, provoquant la panique parmi les organismes capables de se déplacer seuls, une bousculade générale. Et Héliosphéra, secouée au cœur du désordre, impuissante, s'exposait à son tour sans secours possible au péril d'être saisie, entaillée puis digérée.

Outre l'omniprésence du danger, en se dirigeant vers le fond, s'éloignait l'opportunité de s'unir et de s'abandonner à une aventure féconde qui lui aurait permis d'appréhender l'altérité comme une invitation à la douceur, l'occasion d'une association, et non comme un prétexte à la férocité dont elle avait été actrice et témoin. De toute façon, dans l'immensité de l'océan Pacifique parsemé d'embûches et peuplé d'un nombre incalculable d'organismes en tous genres, la réussite d'une telle entreprise paraissait très aléatoire. Pour Héliosphéra s'amenuisait ainsi la probabilité de rencontrer l'unique Xanthelle apte à entrer en symbiose avec elle. Celle qui accepterait de devenir son alliée, qui susciterait une autre envie que celle de l'utiliser égoïstement sur le court terme en la dévorant, et qui lui épargnerait de faire une fois de plus l'expérience de la frustration ressentie après l'avoir mangée.

Mais, pour l'heure, sa chute précipitée vers l'obscurité des abysses augmentait dangereusement la distance entre Héliosphéra et les espaces supérieurs baignés de lumière : le seul lieu possible de rencontre avec Xanthelle.

*

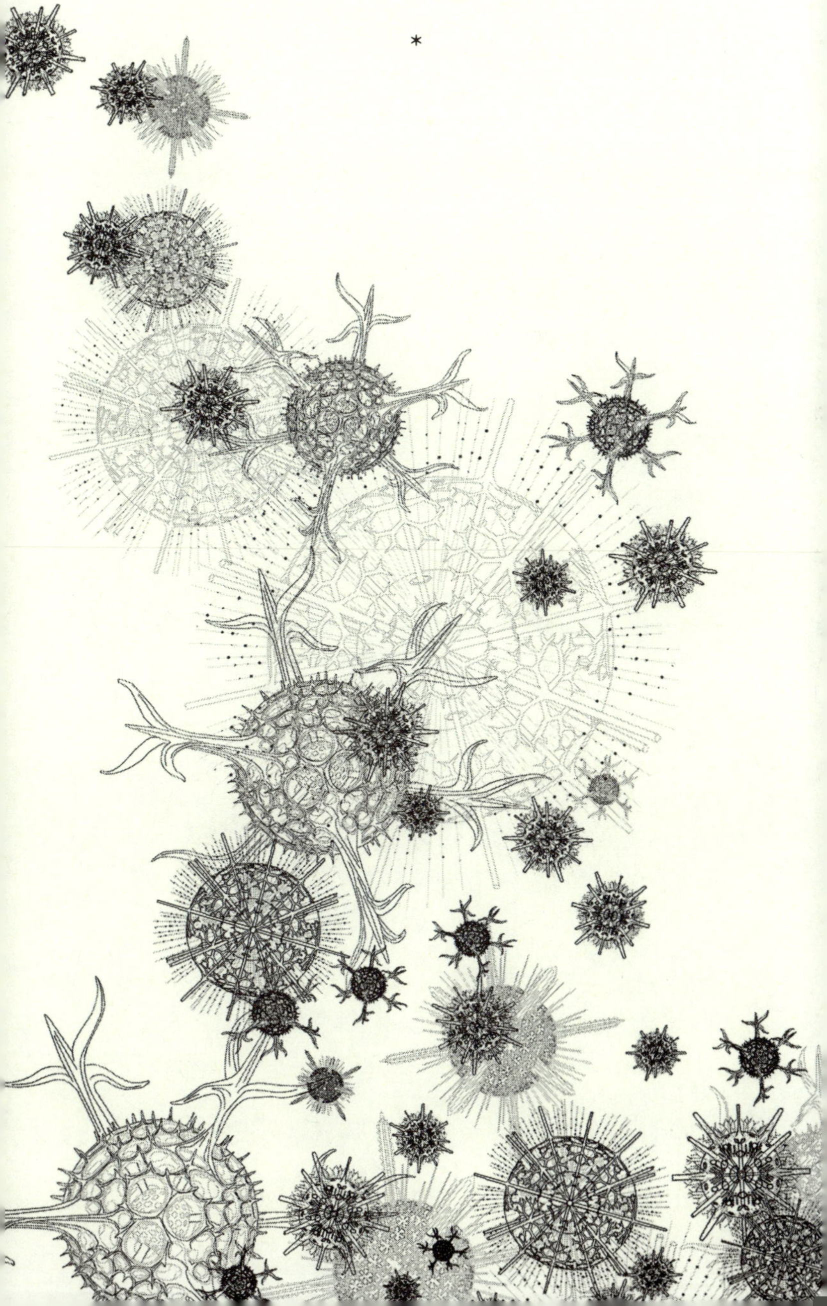

Après avoir parcouru le dernier tronçon de son lit, une centaine de kilomètres depuis sa confluence avec la Durance, l'épaisse et large langue grise du Rhône plongea dans le bleu de la mer. Le polyéthylène qu'il emportait avec lui fut expulsé dans les eaux déjà polluées de la Méditerranée, en compagnie d'un ensemble de déchets ménagers, s'ajoutant à l'équivalent d'un camion-poubelle de matières plastiques déversé chaque seconde dans les océans de la planète par les diverses activités humaines.

Immergé dans le bouillon de détritus en tous genres et soumis à la salinité et à l'agressivité des ultraviolets, le processus de fragmentation de la matière souple s'accélérait. Les restes du ballon se fragmentaient tant qu'ils se dissocièrent de la tige encore rigide. Un peu du film léger dériva vers l'est, entre l'Afrique du Nord et le Sud de l'Europe, s'additionnant à l'immense dépotoir qu'était devenue la "Mare nostrum" si chère aux civilisations antiques, et livrant au monde marin ainsi qu'aux littoraux où s'agglutinaient les touristes les composants chimiques des additifs qui lui avaient donné sa couleur rouge d'origine. Le nœud de plastique effectué jadis par une bénévole de l'association Planète Bleue flottait, lui, vers les galets de Nice et les plages si prisées de la Côte d'Azur.

Quant à la tige, elle ramollit sous l'effet des éléments naturels puis se colla à la coque d'une embarcation de pêcheur qui traversait le détroit de Gibraltar, et vint s'agréger aux cinq milliards de tonnes de résidus plastique dérivant partout sur les océans. Remorqué par le bateau, ce qui avait soutenu un ballon de baudruche continuait à distiller les produits chimiques qui le constituaient. Les additifs qui entraient dans sa fabrication avaient déjà empoisonné la Clarée, la Durance, le Rhône et la Méditerranée, ils se mélangèrent à ceux contenus dans la composition de la peinture de la coque qui s'écaillait, engendrant un cocktail inédit de dérivés de produits industriels. Tout cela monta en direction du pôle jusqu'à atteindre le gyre océanique de l'Atlantique nord.

Un élément supplémentaire arrivait au sein de la soupe de plastiques tourbillonnant dans le sens des aiguilles d'une montre dans la colonne d'eau, du nord-est vers le sud-ouest. Sous l'effet de mouvements marins ancestraux orchestrés par le vent régulier bien connus des navigateurs, l'alizé qui prenait naissance à l'équateur favorisait le phénomène d'accumulation et la circulation résiduelle incessante. Ainsi s'était formé un vaste espace équivalant à six fois la superficie de la France. À la surface, en son centre, flottaient des bouteilles de soda, des paillettes multicolores, beaucoup de la taille d'un confetti et, moins nombreux, des morceaux de plusieurs centimètres, le tout sur une épaisseur d'environ trente mètres sous la surface. Mais, surtout, sur des centaines de mètres vers le fond de l'océan, la présence de micro-plastiques difficilement repérables et quantifiables. Or, une fois lancés dans l'eau, les restes du ballon rouge – comme tous les autres objets – accentuaient leur processus de dégradation sous l'effet du vent, des rayonnements ultraviolets, de la salinité, de la force des courants et de la puissance des vagues.

Lorsqu'ils furent suffisamment fragmentés, le danger devint invisible à l'œil nu des hommes, des oiseaux et des poissons…

*

La journée d'Ollanta sur Tara débuta à cinq heures trente. Elle s'éveilla en sursaut pour éteindre la sonnerie du réveil de son portable. Ses yeux vitreux cherchaient à se repérer dans ce lieu encore inconnu, son crâne cogna contre le plafond de sa couchette, si bas qu'elle avait juste l'espace de s'élever en s'appuyant sur ses coudes. En dessous d'elle, Solenn soupira, murmura un reproche et s'emmitoufla sous sa couverture. Ollanta, la tête encore engourdie de sommeil après un maigre temps de repos, épuisée, s'efforça de s'extraire de la tiédeur de ses draps avec la plus grande discrétion. Elle fouilla l'obscurité du bout de ses orteils qu'elle posa sur le sol glacé tout en se tenant fermement à son lit pour assurer sa lente descente. Avec l'agitation de la mer ce matin-là, tout déplacement devenait aléatoire. N'osant pas allumer au risque de réveiller la cuisinière et la priver de sa dernière heure de repos, la jeune femme évoluait à l'aveugle. Par chance elle retrouva sa serviette dans le noir. Elle s'arrêta dans le couloir faiblement illuminé devant l'entrée de sa cabine et estima à environ un pas et demi la distance qui la séparait de l'une des deux salles de bains de la goélette. Elle essayait d'anticiper le mouvement du bateau et, alors qu'elle venait de se lancer, perdit l'équilibre et fut projetée dans la douche. Se voyant tout ébouriffée, se sentant ridicule et coupable d'avoir probablement réveillé tout l'équipage, son reflet dans le miroir la désespéra. Tout lui parut difficile. Verrouiller la porte alors que la cabine exiguë bougeait dans tous les sens, accrocher sa serviette sans qu'elle ne tombe sur le sol mouillé, enlever son pyjama, lui trouver une place au sec en haut à droite du robinet. Elle eut toutes les peines du monde à se tenir debout, renonça à se laver les cheveux, sortit à moitié dévêtue et le corps encore humide. De retour dans ses quartiers, elle arriva à retrouver son pull marin et sa veste de quart mais peina à s'habiller dans la pénombre, elle avait froid et envie de pleurer. Elle se souvint qu'il ne fallait en aucun cas oublier d'enfiler ses lourdes chaussures de sécurité par-dessus son pantalon. Une fois prête, elle inspira profondément, se saisit de l'incontournable veste de sauvetage orange à porter impérativement sur le pont lorsque la goélette était en mouvement, et s'engagea dans le minuscule couloir comme on allait au combat.

Dès les premiers pas, Ollanta dut plaquer fermement la paume de ses deux mains contre les murs pour accompagner chacun de ses pas mal assurés jusqu'à la salle commune, où se prenait le petit-déjeuner. Le bateau tanguait, un calvaire pour Ollanta qui n'avait pas encore le pied marin. Elle manquait de trébucher, glissait parfois, titubait, se rattrapait *in extremis* mais perdait encore plus l'équilibre. Sa tête cogna légèrement contre les murs à deux reprises. Elle franchit finalement les trois marches et s'installa auprès des cinq autres membres de l'équipe scientifique. L'arrivée d'Ollanta fut accueillie par un immense éclat de rire bienveillant. Tous avaient entendu les petits chocs de sa démarche hésitante et mesuré le temps interminable qu'elle avait mis pour ne pas tomber sur le trajet, dans la coursive d'à peine six mètres qui séparait sa cabine de la cuisine et du carré.

Gentiment moquée par ses collègues, Ollanta mangea dans la bonne humeur. Son abdomen ayant été chamboulé par les soubresauts chaotiques de Tara, elle craignait le retour du mal de mer et opta pour une légère collation qu'elle fit passer avec deux tasses de café chaud. Enfin, elle s'aventura sur le pont où les premiers éclats de l'aube s'invitaient dans le noir à l'horizon. De la rambarde, elle observa avec un petit pincement au cœur la terre plongée dans la bruine, parce que, de la ville de Concepción coincée entre les Andes et l'océan dont elle devinait à peine les faibles lueurs pâles, elle n'avait finalement vu que le port militaire…

Matin d'automne morose pour ses débuts, lumières ternes mais, en silence, Ollanta prit tout de même la peine de saluer l'océan. La mine grise, le second capitaine, chargé de diriger les deux matelots du pont et d'encadrer le travail des scientifiques, se montrait dubitatif tant la mer était formée. La hauteur des vagues l'inquiétait autant que la force du vent. Il réfléchissait à l'opportunité de mettre à l'eau un instrument aussi gros que la rosette, un assemblage de bouteilles de prélèvement, une des pièces maîtresses des recensements quantitatifs de la biodiversité. Ce lourd échantillonneur électronique, composé de plusieurs rangées de bouteilles disposées en cercle, récoltait l'eau pour fournir des indications de température, de salinité, de luminosité, de taux d'oxygène, mais aussi de précieuses informations sur l'état des populations de petits organismes sous-marins très abondants, comme le plancton ou les bactéries présents dans les différentes strates de la colonne d'eau.

Un souffle humide et froid fouettait le visage d'Ollanta et des autres scientifiques, ils peinaient tous à se tenir debout sur le sol penché et mouillé. Marc restait indécis, rien ne se passait. Tous craignaient une manœuvre difficile, la rosette risquait de se balancer de manière anarchique pendant la mise à l'eau et de s'abîmer sérieusement en tapant contre la poupe du bateau. La décision d'essayer fut prise par Pep, le spécialiste de la manœuvre. Aidé par Marta, Raul et Ollanta, il prépara l'appareil, amorça les mécanismes de déclenchement qui allaient permettre de recueillir automatiquement les échantillons. Ils préétablirent le verrouillage des clapets des bouteilles à différentes profondeurs selon la pression de l'eau. Marc actionna le treuil qui porta la rosette du pont jusqu'à l'arrière de la goélette tandis que Pep, Ollanta et Marta se harnachaient solidement pour se préparer à la réceptionner, puis à la plonger dans le Pacifique. Mais, suspendu dans l'air, l'instrument de plus de cent kilos n'arrivait pas à se stabiliser, il s'agitait tel un pendule, tantôt au-dessus des eaux, tantôt au-dessus de la poupe. Malgré leurs efforts conjugués, les scientifiques, en équilibre précaire à l'arrière du bateau ouvert sur l'océan, ne réussissaient pas à donner à l'échantillonneur électronique une trajectoire rectiligne. Ils se résignèrent à le fixer de nouveau sur le pont et à annuler le prélèvement.

Ils passèrent aux filets, beaucoup plus légers et faciles à manipuler par mauvais temps. Encore novice, Ollanta laissa William et Alain décrocher chacun des quatre filets avant de les faire glisser l'un après l'autre dans l'eau avec précaution, puis la goélette se mit en route pour des prospections dans une zone proche de la fin du plateau continental, dépourvue de flore sous-marine. Une fois dans l'océan, les filets, aux mailles extrêmement fines mais de tailles différentes, filtraient l'eau afin de sélectionner, pour chaque échantillon, un certain type de micro-organismes vivant à la surface du Pacifique. Pour se rendre utile, Ollanta se proposa pour effectuer les allers-retours entre le laboratoire à l'intérieur de Tara et le pont, transportant tantôt du matériel de rangement, tantôt les éléments à conditionner. À chacun de ses passages devant la cuisine, elle admirait le calme et la dextérité de Solenn qui venait de prendre son poste et, imperturbable, très concentrée, préparait seule le déjeuner en anticipant les soubresauts instables du bateau.

Ollanta continua ses va-et-vient périlleux sur le pont glissant et ses longs cheveux noirs lui collaient au visage chaque fois qu'elle se retrouvait à l'extérieur, des perles de sueur lui irritaient les yeux – un véritable cauchemar. Pour se consoler, elle anticipait l'instant où, après les phases de prélèvement et d'étiquetage, elle aurait peut-être le loisir d'observer au microscope une infime partie de ce qui avait été extrait du Pacifique. Elle se demandait si elle y retrouverait des micro-plastiques et, si oui, en quelle quantité.

*

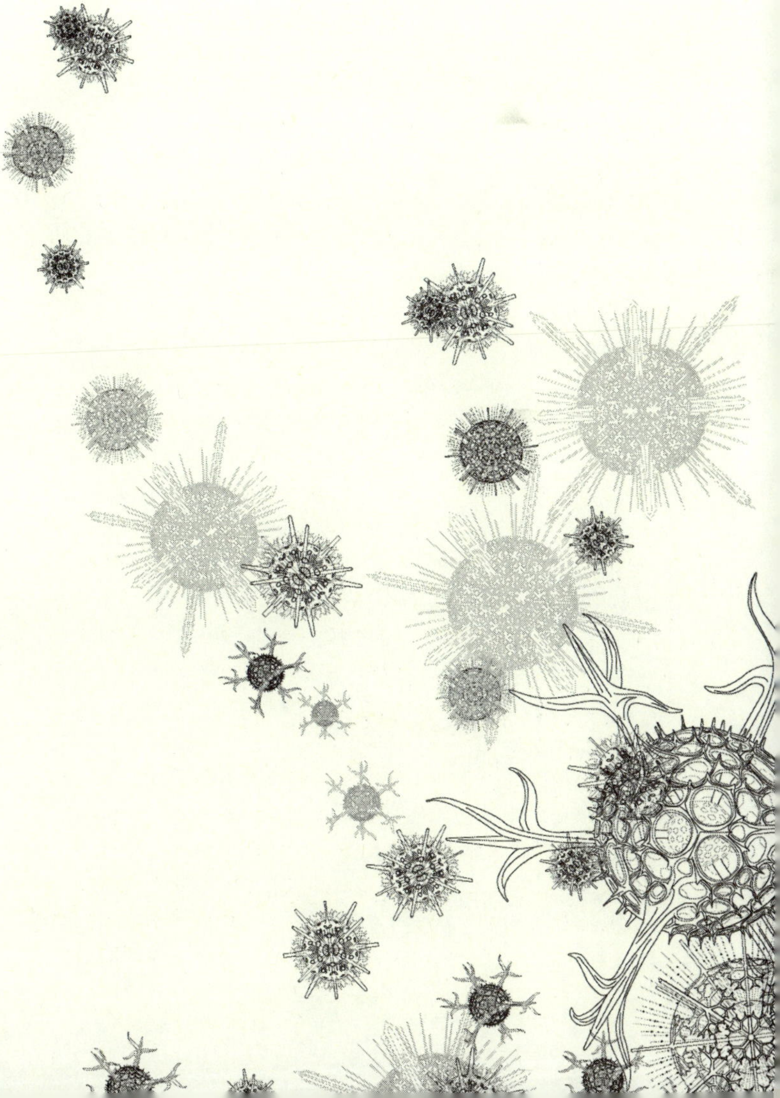

Son pont hérissé de deux mâts, pris sous les embruns givrants des pôles ou suffocant sous les torpeurs tropicales pour répondre à l'appel du grand large et réaliser ses expéditions océaniques, Tara glissait sur sa coque bombée en déployant ses voiles, ses larges robes immaculées tendues par les vents. Elle suivait la ligne mouvante de l'eau en direction de l'horizon, tel un phare qui l'aspirait. Des nuits équatoriales torrides aux aubes pâles des mers froides, jamais elle ne perdait le cap. Qu'un alizé se lève ou que la banquise fonde, et même sous la pluie battante, la goélette voguait sur la houle qui ondulait, tantôt ronde, tantôt rude.

Il existait cet art de haute dévotion, de précision, vieux de plusieurs millénaires, qui demandait de l'abnégation, du courage et du respect pour les puissances de la nature : celui de naviguer. Défier les océans, dompter les caprices de leurs masses liquides et s'allier habilement aux aléas de la météo. Les marins d'hier comme ceux d'aujourd'hui, même les plus aguerris, éprouvaient une vénération absolue pour les trésors que recélait à leurs yeux le royaume de l'immensité bleue, inexplorée, et pour les secrets tapis partout dans l'abîme en dessous de leurs bateaux. Le canyon de Nugurue au large du Chili, au nord de Concepción, comptait jusqu'à six mille mètres de fond, un gouffre, beaucoup plus vertigineux qu'un mont

Blanc renversé, un trésor de mystères à découvrir. À cet endroit, plus on descendait dans les tonalités grises ou vertes du Pacifique, plus l'écrasante quantité d'eau se densifiait. Autant la vie, telle que les scientifiques arrivaient à l'appréhender, foisonnait en surface, autant elle se tarissait à mesure que l'on s'enfonçait vers les abysses, dans la vallée encaissée creusée par un fleuve des millions d'années auparavant. Le lit du cours d'eau ancestral avait formé l'embryon d'une fosse, amorcé une plongée dans la démesure, un voyage vertical, un chemin d'un bleu qui virait graduellement au noir intense d'une nuit perpétuelle sans étoiles ni lune. Une chute qui faisait que l'on passait des bruits des hélices de bateaux, des ronronnements des moteurs à la mélancolie feutrée des cétacés qui communiquaient par infrasons, au silence énigmatique de l'univers des profondeurs. Des litres et des litres d'eau salée recouvraient les fonds inaccessibles aux humains, un univers souvent fantasmé que les plus savants des hommes supposaient obéir à des règles qui défiaient l'entendement… L'envers de la terre, presque une autre planète, là où un milliard d'années auparavant naquit le premier représentant du plancton, l'ancêtre commun des êtres humains et de toutes les espèces animales et végétales de la planète.

Dans l'océan vivaient encore de multiples déclinaisons de cet être premier, certains avec des corps transparents qui les rendaient invisibles, appliquant la stratégie qui consistait à disparaître pour exister. D'autres avaient développé la capacité d'émettre un flash lumineux pour éblouir leurs assaillants. Quelques-uns, à l'image d'Héliosphéra en danger durant sa chute libre en direction du fond du canyon, s'employaient à rendre leurs épines plus menaçantes ou à paraître subitement plus gros en produisant une sécrétion visqueuse qui gonflait au contact de l'eau. C'était ainsi que la dame aux dentelles organiques tentait désespérément d'échapper aux longs filaments, flasques et toxiques, d'un siphonophore géant. Heureusement, l'animal au corps gélatineux, capable de résister à la pression des grands fonds, ne chassait pas. Il était occupé à bourgeonner de nouveaux individus pour remplacer ses parties endommagées dans la pagaille de la migration. Il s'étalait en allongeant la colonie de multiples individus translucides reliés entre eux qui le composait. Sa forme s'apparentait alors à un lustre tenu par des lianes transparentes ornées de minuscules gouttes de verre, de petites méduses libérées en pleine eau : il était en train de se reproduire. Telle une poudre portée par le vent, les semences se posèrent mollement sur les deux flagelles d'un volvox qui bougeaient en mouvements parfaitement coordonnés pour faire avancer les milliers de cellules de cette micro-plante dont les enfants grandissaient à l'intérieur de leurs parents jusqu'à atteindre une certaine taille. Puis, elles sortaient de l'immense agrégat en tournant sur elles-mêmes avant de devenir indépendantes, de se multiplier et d'enfanter à leur tour. Héliosphéra flottait dans un univers chaotique aux formidables singularités, animé par une sorte d'ébriété généralisée, un monde de l'inattendu. Et, tout autour de ces organismes mobiles dispersés dans l'océan, la vie des premiers temps de la planète avait engendré un tapis d'une flore et d'une faune de toutes les couleurs, microscopiques ou à peine visibles, accrochées tout le long des parois du canyon.

L'océan offrait un cadre féerique, surtout dans le haut de la colonne d'eau. Là, tout paraissait doux, calme et lent, un monde magique baigné de lumière. Un espace où, gorgée d'eau et de dioxyde de carbone, Xanthelle s'était parée d'un vert et d'un brun éclatants. Hors de danger, elle se laissait dévier au ralenti par le courant. Près des gorgones fixées sur les roches en éventail multicolore, elle sécréta un pigment photosynthétique d'un jaune très vif, preuve que son unique cellule était en excellente santé. Prête à réaliser l'ambition de ne plus faire qu'un avec Héliosphéra dès qu'elle la trouverait, comme pour panser une blessure béante ou pour se guérir ensemble d'une imperfection originelle. Atteindre un aboutissement sans lequel leur vie ne mériterait pas d'être vécue.

Or Héliosphéra, perdue, tombait toujours en direction des endroits les plus désolés du précipice sous-marin, là où tout s'assombrissait en se teintant d'une couleur d'encre.

*

Marie profita d'un moment de répit entre deux échantillonnages pour inviter Ollanta à la suivre jusqu'à la proue. La correspondante de bord voulait faire son portrait, enregistrer ses premières impressions de navigation, l'interroger sur ses attentes et sur les motivations qui l'avaient conduite à embarquer sur la goélette. La caméra à la main, Marie se déplaça rapidement de bâbord à tribord, avec une souplesse qui étonna Ollanta. Après quelques hésitations, elle réussit à se positionner de manière que sa prise de vue ne soit pas gênée par les rayons du soleil qui perçaient les nuages. Elle parvint à trouver un angle qui lui permettait de cadrer au mieux la silhouette élancée qui se dessinait à merveille au premier plan du décor composé du gris de l'océan surplombé par une bande de ciel bleu dégagé, vers laquelle semblait plonger une vague de gros nuages cotonneux. Satisfaite de son visuel, elle commença ses tests audio. Or le vent soufflait assez fort, et il s'avéra que le bruit du moteur rendait impossible une prise de son de qualité. Marie dut se rendre à la timonerie pour demander à Tom s'il était possible de le couper le temps de l'interview.

Le capitaine accepta, la correspondante de bord retrouva Ollanta si timide face à la caméra qu'elle avait beaucoup pâli : l'idée de parler d'elle la gênait.

Elle s'éclaircit la voix et commença par évoquer son adolescence, la période où, après avoir pris conscience des menaces qui pesaient sur la planète, elle avait fait le choix d'entrer en lutte et, depuis, se définissait fièrement comme écologiste activiste. La jeune femme se souvenait parfaitement de sa première expérience sur le terrain une dizaine d'années plus tôt. En compagnie d'autres bénévoles de l'association Planète Bleue, elle avait participé à une vaste campagne de sensibilisation au recyclage pour éviter les dégâts causés par les matières plastiques dans la magnifique vallée où coulait la Clarée, au cœur des Alpes.

Son attachement à l'environnement lui venait d'une enfance riche de l'omniprésence de la nature, des années paisibles passées en Provence dans la modeste maison familiale, une ancienne ferme plantée au pied du mont Ventoux. Elle vénérait cette terre caillouteuse et calcaire inondée de soleil qui avait imprimé à la fois de la rudesse dans son caractère sanguin, une tendance à l'émerveillement et un goût pour l'observation. Ses années pour obtenir le brevet de technicien supérieur de science de l'écologie – gestion et protection de la nature dans un établissement lyonnais lui avaient révélé l'étendue des dangers qui planaient sur l'environnement ; alors, une fois son diplôme en poche, pour mettre en pratique ce qu'elle avait appris, elle avait immédiatement rejoint cette association chargée de sensibiliser les plus jeunes au respect de la nature.

Elle se définissait comme une fille de la campagne, de la terre, précisa-t-elle avec un regard brillant d'orgueil et d'étincelles. À l'âge de onze ans elle était tombée amoureuse de l'océan, son exotisme à elle, après une inoubliable première expérience en mer lors de vacances en Bretagne sur l'île de Bréhat. Elle gardait en mémoire les heures passées sur la Manche, seule à bord d'un Optimist ou en équipage sur une caravelle, la brise fraîche, l'apprentissage du maniement des voiles, la découverte du grand large et les frissons sur la peau. Passer à l'action pour la nature et l'attrait du voyage sur les mers : c'est ce qui l'avait attirée dans les missions océanographiques de la goélette.

L'œil rivé à sa caméra, Marie lui fit signe de continuer sans la regarder. Il lui fallut quelques secondes pour rassembler ses idées, elle s'y reprit à trois fois avant de poursuivre. Elle adhérait totalement à l'ambition de Tara d'œuvrer au service de la planète en effectuant l'inventaire de l'univers aquatique, en récoltant des échantillons de vie marine, pour aujourd'hui et surtout pour les générations futures. Alors oui, elle avait voulu absolument participer à l'exploration de cet espace doté d'une formidable capacité d'adaptation, un monde dont on ne connaissait pas l'identité de quatre-vingt-dix-huit pour cent des habitants.

Ses arguments devinrent plus personnels lorsque lui revint le récit de la mythique dérive arctique. La fascination d'Ollanta pour Tara et pour ses expéditions autour du monde avait grandi tout au long des cinq cents jours durant lesquels la goélette était restée volontairement prisonnière des glaces de l'Arctique. Une aventure humaine et scientifique qui avait conduit à sonner l'alarme en prouvant que la banquise fondait beaucoup plus rapidement qu'on le supposait jusque-là. Elle n'avait que seize ans, en février 2007, lorsqu'elle s'était empressée de faire le voyage de sa Provence natale jusqu'à la rade de Lorient pour célébrer le retour de Tara au milieu d'une foule immense, émue et enthousiaste, venue de toute la France et même de l'étranger. Ollanta confia à la correspondante de bord que la veille, pendant le dîner, Philippe avait commencé à lui raconter en détail l'épopée fascinante. Il avait évoqué l'ivresse des constellations qui tournaient autour de l'Étoile polaire, la sensation d'extase lorsque, dans le froid intense sous les nuits de pleine lune, il tombait sous le charme mystérieux des aurores boréales.

Ollanta, un peu plus sûre d'elle, expliquait à Marie qu'elle rêvait de vivre ce genre d'expérience unique, rythmée par des échantillonnages physiquement difficiles malgré le confort à l'intérieur de Tara. L'adversité à laquelle les marins avaient été confrontés durant le premier hiver dans l'Arctique l'avait séduite. Le côté particulièrement pénible la motivait autant que les solutions à imaginer pour réparer les nombreuses avaries techniques qui précarisaient la situation. Elle aurait aussi aimé connaître le sentiment d'isolement qui pesait sur le mental, en plus de cette impression déstabilisante de sentir les tremblements dus à la pression constante exercée par la glace sur la coque. Et même si certains membres d'équipage avaient préféré tout arrêter après cette aventure, Ollanta souhaitait éprouver ce genre d'immersion de l'extrême dans un univers indompté. D'ailleurs, Philippe lui avait affirmé, le sourire aux lèvres, que les conditions auraient gagné à être encore plus rudes afin d'accentuer les interactions avec l'environnement. Ollanta admirait d'autant plus les scientifiques de l'extrême qu'ils bravaient le froid polaire jusqu'à quatre fois par semaine pour mesurer l'épaisseur de la glace alors que des ours blancs affamés rôdaient autour. La jeune femme partageait cette manière de contempler la nature, d'en faire pleinement partie, d'exister au cœur de l'élément naturel. L'absence de monotonie et le côté périlleux l'attiraient tout autant que l'immense challenge ou l'incertitude inhérente aux milieux sauvages qu'avaient expérimenté les équipes pendant une année et demie.

Pour rassurer Marie qui l'interrogeait sur les risques qu'elle était prête à courir, Ollanta rectifia son propos. Bien sûr, elle était sensible à cette envie de tester les limites de l'humain, d'évoluer pareille à un funambule constamment sur la corde raide parmi les mystères du monde sauvage, sans pour autant mettre sa vie ou celle d'autrui en danger. Mais, comme Philippe, elle aurait adoré plonger sous la glace à la sortie de l'hiver alors que rien n'avait pu se développer sous l'eau, s'éblouir des flots plus clairs encore que ceux qu'avait connus le marin en Polynésie. Lui qui pensait découvrir un univers monochrome s'était trouvé en présence d'une exceptionnelle architecture de glace illuminée de jeux de lumière éblouissants, bleus, jaunes ou verts, en fonction de la façon dont se reflétait la couche de neige au-dessus. L'ultime dépaysement, dit-elle à la correspondante de bord qui acquiesça, puisque ces constructions éphémères avaient disparu dès après l'ouverture de la glace et n'existeraient plus jamais sous la même forme. Ollanta rit en avouant qu'elle avait souvent rêvé de fragiles stalactites de sel de tailles diverses produites par la banquise pluriannuelle, un émerveillement que peu avaient eu le privilège d'observer.

Pour elle, cette expédition fondatrice dans l'histoire de Tara était devenue une référence. Depuis, la goélette incarnait le mélange parfait entre l'exploration, l'aventure et l'action concrète en vue d'œuvrer à un meilleur avenir pour la planète. Au gré des mots du plongeur, elle avait compris qu'il n'avait pas seulement rempli une tâche, il avait été habité par un sens plus profond, sans doute la fierté de contribuer aux efforts d'une science plus respectueuse de la nature, soucieuse de transmettre à tous. Pour conclure, elle répéta que la dérive arctique l'avait poussée à tout entreprendre pour réaliser à son tour le même type de mission. Elle marqua une courte pause, baissa un peu la voix pour se livrer davantage : en secret, elle avait l'ambition de vivre un jour une expédition océanographique en naviguant uniquement à la voile, sans une goutte de gasoil, à la manière de Darwin ou d'autres explorateurs, afin d'être en parfait accord avec ses idéaux et son envie de concourir à l'avènement d'une planète plus propre, en ne laissant aucune empreinte carbone. Marie lui fit un clin d'œil, dressa le pouce vers le haut et lui souffla un baiser de la paume de sa main.

*

Dès le ruisseau, le fleuve et la mer qu'il avait traversés, le plastique s'était altéré sous les assauts des orages et des vents. Englués dans la vaste zone de concentration plastique et constamment ballottés dans les gigantesques tourbillons marins qui se formaient sous l'effet de la rotation de la Terre et des courants, les restes dégradés de la tige du ballon rouge marinèrent plusieurs années dans le gyre de l'Atlantique nord. Divisés lentement en d'innombrables micro-plastiques toujours plus oxydés, une série de nouveaux polluants s'y concentraient. Ils absorbaient des éléments très nocifs tels que le mercure, l'arsenic, le titane ou le nickel. Tout un ensemble de substances répandues dans l'amoncellement des matières industrielles charriées par le bouillon de saletés. Des milliards de paillettes de produits chimiques, une improbable diversité de couleurs qui perturbaient fortement la perception des animaux marins.

Quant aux organismes sous-marins plus rudimentaires, ils souffraient directement du contact avec les polluants qui s'échappaient des micro-plastiques qu'ils ingurgitaient malgré eux, créant des dégâts qui s'étaleraient dans le temps, puisque leurs hormones sexuelles et surtout leur équilibre endocrinien en pâtiraient gravement. L'impact de ces désordres restait difficile voire impossible à mesurer, mais augurait de catastrophes à grande échelle sur le moyen et sur le long terme. À ces problèmes de croissance et de reproduction s'ajoutait l'hécatombe parmi les grands organismes comme les cachalots, les lions de mer ou les dauphins à gros nez, décimés par les fréquentes occlusions intestinales dues à l'ingestion volontaire ou non de ces substances malléables mais impossibles à digérer. Les tortues prenaient les sacs transparents pour des méduses. Le plastique s'accumulait dans leur tube digestif, provoquant des ulcères, ou bien il s'enchevêtrait dans leur système respiratoire jusqu'à l'asphyxie. L'interminable zone du bouillon de plastique déstabilisait la totalité de l'écosystème, des transferts biochimiques au niveau microscopique jusqu'aux changements des rapports de prédation et de la compétition pour la nourriture de toute la chaîne alimentaire.

Ironie du sort, sur certains débris du ballon se logèrent des bactéries qui produisirent de la matière organique dans laquelle se nichèrent des algues microscopiques dont se nourrissaient d'autres bactéries, provoquant le développement de singuliers réseaux d'échanges, sortes de biotopes composites sur des supports artificiels, présageant d'un avenir incertain pour l'univers d'Héliosphéra, de Xanthelle et de leurs descendances.

*

Entre les deux échantillonnages de l'après-midi, alors que la goélette s'était arrêtée, Ollanta avait pris le temps de se prélasser une petite demi-heure sur le pont aux côtés de Raul, Pep et Alain. Lunettes noires sur le nez, elle profitait avec eux du soleil éclatant. Elle avait eu la chance d'apercevoir au loin un banc de dauphins dévier de sa route pour s'approcher de Tara. Elle les avait admirés tournant ensemble sur le fil lisse de l'eau, puis se rapprochant avec souplesse et élégance avant de plonger soudainement. Une tache poisseuse s'était ensuite formée sur l'océan, Raul crut y reconnaître des sardines en fuite, épargnées par les cétacés qui venaient d'assouvir leur faim. Mais c'était surtout le spectacle offert par une otarie curieuse qui sortait la tête de l'eau comme pour étudier la goélette qui avait captivé l'attention de tous. D'après Alain, il s'agissait d'une femelle, elle s'était mise à jouer avec une corde qui pendait en essayant de l'arracher, avant de se lasser et de s'en aller. Puis une petite embarcation de pêcheurs chiliens s'était avancée vers eux pour les saluer. Ne maîtrisant pas l'espagnol, Tom qui était allé à leur rencontre demanda à Pep de leur répondre. Intrigués d'abord par le pavillon français, les trois hommes qui voulaient simplement leur souhaiter la bienvenue furent enchantés d'entendre parler leur langue et remercièrent le capitaine lorsqu'ils apprirent l'objet de la mission de Tara et les avantages que leur pays pourrait en tirer. Ils décidèrent d'offrir un magnifique poulpe qu'ils venaient de capturer. Solenn le prit en écoutant religieusement les conseils de cuisson que lui donnèrent les Chiliens avant de rebrousser chemin.

Le soir venu, le regard perdu parmi les innombrables points lumineux qui commençaient à scintiller sur le voile d'obscurité de la nuit, Ollanta ne pouvait s'empêcher de penser à la multitude de femmes et d'hommes qui s'étaient émerveillés autant qu'elle devant la majesté d'un tel décor. Combien d'âmes et de cœurs touchés au plus profond par ces corps célestes qui brillaient encore, bien qu'ils aient disparu depuis des temps qui défiaient la raison ? Ils avaient guidé les hommes du passé, ils illuminaient, émerveillaient encore les humains d'aujourd'hui et scintilleraient probablement encore au-dessus des générations à venir. Ils intriguaient Ollanta, elle s'interrogeait, se demandait si la présence bien réelle de ces entités pourtant mortes ne nous invitait pas à reconsidérer les frontières entre la mort et le vivant, entre hier, aujourd'hui et demain. Mais, surtout, elle gardait en mémoire l'image des trois gaillards qui avaient gentiment offert une partie du fruit de leur pénible labeur. Des hommes qui les avaient abordés par pure courtoisie et bienveillance, un quinquagénaire et deux jeunes adultes aux mains calleuses, aux visages creusés, aux pommettes hautes sous leurs yeux en amande, presque bridés, et à la peau très mate, tannée par le soleil.

Dès qu'elle avait pris connaissance du trajet que lui proposait la Fondation Tara Océan pour sa participation à la mission Microbiomes, Ollanta avait compris qu'elle allait parcourir une partie du périple du *Beagle*, le navire anglais sur lequel avait embarqué Charles Darwin à la fin de l'année 1831. Elle s'était alors empressée de lire les carnets de voyage du Britannique.

Depuis des générations, la rumeur courait dans la famille chilienne de son père qu'elle comptait parmi ses lointains ancêtres Jemmy Button, un autochtone acheté en 1830 par FitzRoy, le capitaine du *Beagle*, pour le prix d'un bouton de nacre. Dans les pêcheurs croisés dans l'après-midi, Ollanta avait trouvé une troublante ressemblance avec la description que le naturaliste anglais avait faite de l'adolescent. D'après Darwin, son prétendu aïeul avait fait partie d'un groupe composé d'autres indigènes capturés par l'équipage du *Beagle* et emmenés en Angleterre aux frais du capitaine. Jemmy y était resté un an pour recevoir une éducation fondée sur les principes de la religion chrétienne au mépris de sa propre spiritualité, afin qu'il incite plus tard les siens à accueillir amicalement les explorateurs et les soldats européens en escale sur la côte chilienne.

Le philanthrope FitzRoy avait tenu à ramener chez lui celui que Darwin décrivait comme un individu fort gai, d'un excellent caractère, qui riait presque toujours avec toutefois, de temps en temps et sans explication, de violents accès de colère. Le célèbre naturaliste n'hésitait pas à le considérer comme un enfant, le qualifiant de sauvage et le reléguant au même rang que les orangs-outans du zoo. La lecture de ces horreurs dans les Mémoires de Darwin avait laissé un goût amer dans la bouche d'Ollanta et engendré chez elle des sentiments de révolte et de colère, surtout à l'endroit où l'Anglais comparait les retrouvailles de Jemmy et de son frère avec celles d'un vieux cheval et d'un de ses compagnons dans un pré. Au souvenir de l'amabilité des pêcheurs et de leur geste d'une grande humanité, le cœur de la jeune femme se serra, elle ressentait une profonde tristesse pour leurs ascendants communs victimes de tant d'injustices. Sur la base d'informations visuelles interprétées à l'aune de préjugés, et aveuglé par la condescendance, le naturaliste avait en partie tiré des conclusions hâtives sans autre fondement que son arbitraire subjectivité.

Heureusement, soupira-t-elle, les temps avaient changé, la démarche scientifique aussi. Ollanta se sentait fière de participer, près de deux siècles après Darwin, à une mission fondée sur l'humilité, le principe d'égalité entre les humains et la fraternité avec l'ensemble du vivant. Sur Tara, les investigations s'articulaient autour de l'idée que, plus on avançait dans la connaissance, plus les points d'interrogation se multipliaient et moins l'on campait sur des certitudes. Ollanta se réjouit de se souvenir que FitzRoy avait été très affecté par la décision de Jemmy de rester parmi son peuple plutôt que d'accepter l'invitation insistante du capitaine qui le suppliait de retourner en Europe. Pour le consoler, son ami Darwin crut bon de rappeler que, pour lui, les hommes de cette partie extrême de l'Amérique du Sud étaient plus arriérés que partout ailleurs, puisque le principe de la propriété privée leur était inconnu et qu'ils refusaient l'idée de dominer les plus faibles et les animaux afin d'asseoir leur supériorité et d'accroître leur puissance.

Seule sur le pont de Tara et bercée par la magie des heures noires du Pacifique, l'ingénieure d'études se félicita, considérant qu'elle était une digne descendante de son ancêtre qui s'était détourné du confort et déterminé en faveur d'un monde plus juste et plus équitable. Ollanta se mit à son aise en penchant la tête vers l'arrière, dans cette position elle appréciait mieux la sensation de vertige alors que la goélette tanguait un peu. Elle goûta la légère brise qui enveloppait son corps et la rafraîchissait. La jeune femme se massa la nuque et la gorge, comme si elle voulait s'accorder au rythme des éléments, s'abreuver davantage du spectacle apaisant d'ombres et de lumières. En regardant longuement vers le haut, il lui sembla effectuer un saut dans le temps : les mêmes étoiles qui faisaient briller son regard et attisaient sa rêverie avaient orienté les humains dans l'obscurité des nuits du Pacifique durant des millénaires. Ses pensées retrouvèrent les habiles marins polynésiens qui, des siècles plus tôt, avaient sillonné cet océan à bord de leurs ingénieux voiliers. Pétris de spiritualité et de respect pour la grande eau, ils s'étaient alliés aux vents, initiés patiemment à la complexité des courants, puis familiarisés avec la science de la matière. Au terme de plusieurs siècles d'essais et d'erreurs, ils avaient finalement conçu de grandes embarcations dont la qualité et la robustesse rivalisaient avec les constructions les plus élaborées du XXIe siècle.

Ollanta regrettait que les compétences de ces femmes et de ces hommes qui avaient su déchiffrer la carte du ciel et s'adapter si parfaitement à la mer aient longtemps été sous-estimées, voire méprisées, leur savoir-faire dénigré puis précipité dans l'oubli. Pourtant, avec leurs bateaux rapides et élégants, ces intrépides pionniers des océans avaient sillonné les atolls du Pacifique durant des centaines d'années, s'immergeant à moitié nus dans les eaux turquoise de Polynésie pour la pêche ou la cueillette. Ollanta aurait adoré les accompagner lors de leurs plongées sous-marines, eux qui avaient goûté au bonheur de s'émerveiller du fantastique bouquet de couleurs qui ornait alors tous les massifs coralliens. Ces roches vivantes, formées d'organismes apparentés aux anémones et aux méduses, se paraient en ce temps-là de violet et de bleu, des poissons roses ou jaunes à rayures noires nageaient parmi la flore orange, parfois rouge. Depuis, les activités humaines avaient provoqué le réchauffement du climat, l'eau salée s'était acidifiée. Les scientifiques et les plaisanciers qui s'y aventuraient aujourd'hui devenaient témoins de l'agonie de ces archipels longtemps préservés. La virginité perdue des coraux malades nuisait gravement aux zooxanthelles qu'ils abritaient puisque, stressées par les changements dans leur environnement, nombre de micro-algues pâlissaient et périclitaient sous un linceul aux tons entre le gris clair et le blanc qui laissait apparaître le squelette immaculé des coraux. Les polypes sur lesquels elles s'étaient fixées finissaient par les chasser, sonnant ainsi le glas de collaborations ancestrales et harmonieuses. De leur éclat d'antan ne restait plus que le cercle vicieux de la pollution et de la désolation.

Ollanta avait toujours eu une grande estime pour les insulaires d'antan du Pacifique, des explorateurs curieux slalomant dans le dédale des îles paradisiaques qu'ils avaient eu l'intelligence de garder intactes au gré de leurs pérégrinations – une noble attention, jugea-t-elle. Une pratique plus excitante que la sienne qui consistait à observer l'océan en quête d'éventuelles concentrations de déchets plastique aux abords des côtes. Les intentions et les gestes d'aujourd'hui faisaient bien pâle figure devant ceux du passé. Pour Ollanta la modernité n'était pas forcément synonyme de progrès, en l'occurrence elle sonnait plutôt l'heure de mesurer l'étendue du désastre dont souffraient les océans : une catastrophe pour des millions d'Héliosphéra et de Xanthelle disséminées partout sur la planète.

La quiétude autour d'Ollanta, la brise automnale, légère et fraîche sur ses joues, contrastant avec la chaleur rassurante prodiguée par ses épais habits de quart lui procuraient une agréable impression d'engourdissement. Ollanta lâchait prise, elle s'abandonnait à des perceptions inédites, à de nouvelles réflexions. Son voyage venait à peine de commencer, mais déjà toutes les préoccupations de sa vie terrestre s'éloignaient. Elle oubliait ses rendez-vous avec son conseiller financier, les peines sentimentales de ses amis, les tracas du quotidien, les attentats, les faits divers, les cours de la Bourse, l'agitation du monde, tout cela n'avait plus d'importance. Son rythme de vie avait changé, il avait ralenti. Elle se permettait de rester des heures à simplement observer les rivages, l'eau, les étoiles qui perçaient le voile de la nuit océane. Ollanta se plaisait à attendre et à repérer la seconde où un bref reflet de lune se posait sur une vague, elle se vidait la tête, l'allégeait de toute pensée nauséabonde, se laissait bercer par le ronronnement du moteur et jubilait quand elle avait le loisir de se délecter de la musique du vent qui gonflait les voiles.

La qualité de l'accueil dont bénéficiait Ollanta sur Tara dépassait largement ses attentes. Très impressionnée par le professionnalisme de l'équipe internationale, où les échanges s'effectuaient en français bien sûr, mais aussi en espagnol ou en anglais avec ses collègues Marta, Raul et Pep, elle appréciait particulièrement leur bienveillance à son égard et leur disponibilité. Tous sans exception apportaient des réponses pertinentes à ses nombreuses questions, des éclairages précis, toujours empreints d'humilité et d'un strict respect de la rigueur scientifique. Elle était comblée, d'autant que, malgré son inexpérience, elle jouissait d'un libre accès à tous les appareils de mesure et d'analyse présents dans les deux laboratoires, même les plus sophistiqués. La jeune femme appréciait particulièrement celui à l'intérieur du bateau, là où, à travers la lunette du nouveau microscope nommé Curiosity – conçu exclusivement avec des matériaux recyclés – elle pouvait non seulement traquer la présence éventuelle de particules microscopiques de plastique, mais aussi observer et s'émerveiller, autrement que sur des photos, devant l'immense diversité morphologique des innombrables familles de plancton.

Avant les premiers échantillonnages de la journée, la pose des filets et l'immersion de la rosette, Ollanta se positionna à la proue de Tara. À sa demande, le capitaine avait accepté de lui attribuer le dernier quart de la nuit afin qu'elle puisse admirer les premiers instants du soleil levant. Mais ce furent d'abord, vers quatre heures du matin, les apparitions de Saturne et de Jupiter dans le firmament qui éblouirent la jeune femme. Puis, un peu plus tard, l'étendue bleu marine s'illumina d'un orange très discret à tribord. Enfin, l'éclat s'intensifia graduellement au point qu'Ollanta s'imagina distinguer, derrière ce qui ressemblait à un formidable incendie à fleur d'eau, l'émergence dans le lointain de tout un continent à l'écorce vermeille.

Elle rajusta son épaisse veste de quart pour se réchauffer et enfouit son cou entre ses épaules. Finalement, le jour s'éveilla pleinement sur le Pacifique qui s'agitait déjà depuis une dizaine de minutes, comme pour saluer le retour de l'aube. Se dévoila alors un sillon argenté de plusieurs kilomètres, les rayons de l'astre du matin brillèrent sur les profondes rides de l'océan et scintillèrent sur les parties métalliques des mâts. Trois otaries rieuses s'approchèrent du bateau en tapant des nageoires comme pour donner un spectacle de bienvenue à la goélette. Haut dans le ciel, des pélicans donnaient l'impression de calculer leur trajectoire avec infiniment de précision, avant de rabattre leurs ailes pour plonger rapidement dans l'eau comme des flèches et gober des maquereaux.

Le vent venu du sud caressa le visage d'Ollanta, seule à l'avant du bateau, le cœur léger, et humidifia ses yeux mi-clos. Elle enfonça ses mains dans ses poches et se pencha, le souffle fort l'assourdissait. La scientifique se détendit, elle en profita pour s'évader un instant. Secouée par la vigueur des vagues et par la fraîcheur des embruns sur son visage, elle n'essaya pas de résister, préféra laisser aller son corps à la course complexe de la goélette qui tanguait autant qu'elle roulait. Tantôt la proue fendait l'eau, projetant des masses liquides de plusieurs mètres dont les gouttes giclaient sur les lunettes solaires de la jeune femme, tantôt les flancs du voilier ondulaient, comme si la coque se balançait autour d'un axe fixe. Ollanta accompagnait les mouvements incessants du navire, elle appréciait de ballotter ainsi volontairement, toujours en équilibre précaire, souvent proche de la chute qu'elle évitait d'un habile coup de reins. Tout autour d'elle, jusqu'à l'horizon, l'écume sur la peau des vagues donnait à l'ingénieure l'impression de glisser sur l'épiderme d'un gigantesque animal ou sur l'écorce fluide d'une planète en révolution perpétuelle. Ollanta le savait, elle se trouvait au-dessus du poumon de la Terre qui fournissait au moins la moitié de l'oxygène nécessaire à toute vie sur la planète. Les yeux fermés, les paupières mouillées de larmes de joie et de sel déposé par les embruns, heureuse, elle s'imagina déambuler sur une rampe invisible qui l'aurait portée vers la multitude des êtres infiniment petits qui peuplaient les profondeurs. Des organismes dont elle était maintenant si proche physiquement. La nouveauté de cette proximité avec ces peuples aussi anciens que l'avènement de la vie sur Terre l'excitait, puisqu'ils étaient tapis là, juste en contrebas, à quelques mètres d'elle.

Depuis une dizaine d'années déjà, elle consacrait l'essentiel de son temps à l'observation et à l'étude de la myriade d'organismes à l'origine de toutes les espèces ayant existé depuis près de trois milliards d'années, dont l'homme. Ollanta venait d'ouvrir une parenthèse dans son parcours ; quelle joie pour elle d'avoir momentanément quitté son laboratoire et les spéculations de ses manuels universitaires pour se retrouver sur le pont de Tara en plein cœur du Pacifique. Elle entendait parfaire ses compétences théoriques relatives aux populations sous-marines grâce à des investigations empiriques et soumettre ses intuitions aux observations en milieu naturel – une incroyable opportunité.

Le second capitaine entama des manœuvres en cercle afin de sonder la profondeur de l'espace de prélèvement. L'exercice consistait surtout à identifier la zone du tombant qui plongeait en pente abrupte dans le canyon des profondeurs. Il s'arrêta au bout d'une demi-heure, le travail pouvait commencer. Ollanta était prête pour l'échantillonnage.

*

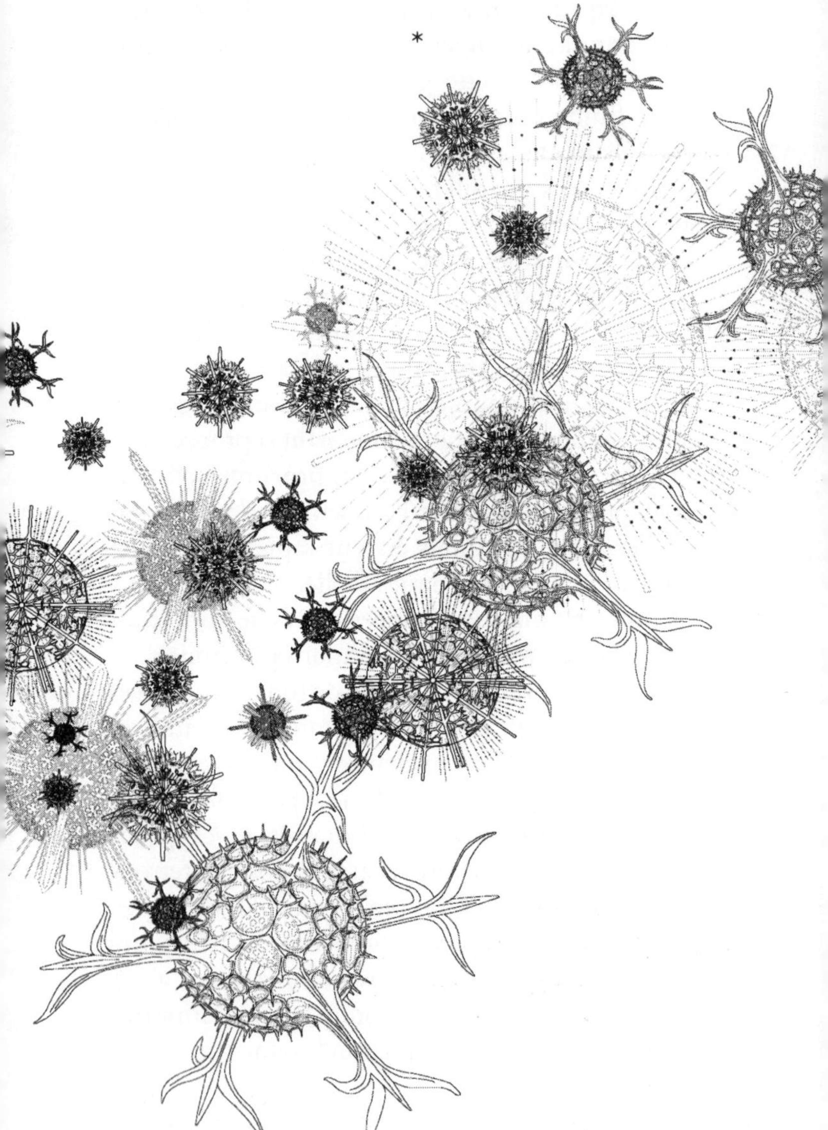

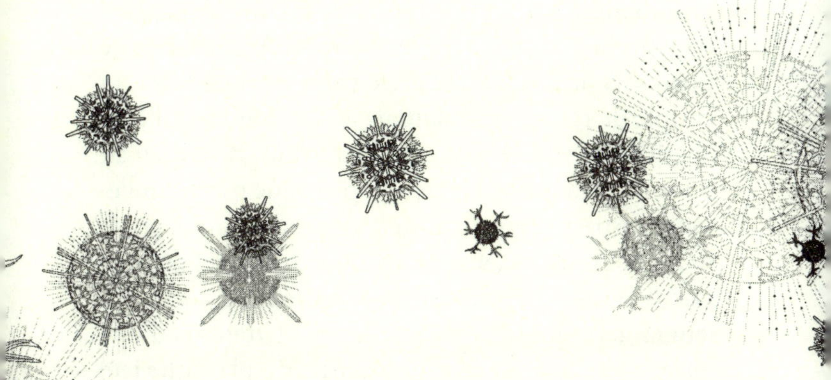

Battant légèrement ses ailes arquées en mouvements amples et réguliers, une magnifique sterne arctique au plumage blanc aperçut de loin une vaste étendue où convergeaient des millions de paillettes multicolores. Curieuse, elle dévia sa course et décida d'inspecter le gyre de l'Atlantique nord d'un coup d'aile rapide. Selon sa perception biaisée, les rayons du soleil, très haut ce jour-là, se reflétaient de manière surprenante sur la soupe de plastique. Les lueurs étranges à la surface perturbèrent l'oiseau lorsqu'il plongea à pic, croyant y reconnaître une source de nourriture potentielle. Son corps pénétra un instant dans l'amas de polyéthylène, elle en ressortit en s'aidant de ses pattes palmées avec un bout de gobelet coincé dans le gosier et des micro-restes de la tige jetée dans la vallée de la Clarée s'immiscèrent dans son corps. Gênée, déboussolée, le tube digestif obstrué et à jamais dans l'impossibilité de s'alimenter, elle se dépêcha de s'éloigner à tire-d'aile, loin, le plus loin possible du danger. Tordue de douleurs, moribonde, elle poursuivit en direction du sud.

Ainsi, bien des années plus tard, les débris du ballon rouge quittèrent la zone où s'agglomérait le plastique entre l'Europe et l'Amérique du Nord et se dirigèrent vers les régions méridionales de l'océan Atlantique. Une partie fut évacuée dans la fiente de la sterne, puis mangée par une sardine dont le banc fut capturé dans les filets d'un chalutier français. Ayant acheté le poisson à une vente à la criée sur le port de Sète, un couple de touristes finlandais le consomma grillé en apéritif, avec un verre de vin blanc frais. Bien qu'il ait pu se soustraire aux regards, le plastique n'avait nullement disparu, il s'était simplement transformé et, de manière insidieuse, ses composants chimiques demeuraient actifs. Grâce à l'alimentation et au corps des jeunes gens qui se prélassaient sur les transats d'une terrasse du front de mer, une partie du plastique jeté dans les Alpes réussit son retour en Europe.

Quant à la sterne arctique, affamée et de plus en plus affaiblie, elle passa péniblement le redoutable pot au noir sous un ciel sombre et une pluie battante, à l'endroit de convergence intertropicale entre vent du sud et vent du nord où se déclencha un orage. Là où, de tous temps, nombre de bateaux stagnaient sous une chaleur étouffante ou sous de fortes intempéries. Dans le brouillard, le tonnerre surprit l'oiseau mourant, puis le déferlement d'éclairs et de rafales d'un cyclone en formation l'entraîna vers le sud-ouest. Il succomba dans l'océan non loin des côtes brésiliennes. Au terme de la lente décomposition du volatile, les micro-plastiques qui avaient eu raison de lui se libérèrent et les courants se chargèrent de les emporter vers la pointe sud du continent américain.

*

Les Mapuches, les gens de la terre : ainsi se nommaient les autochtones qui, depuis toujours, habitaient le Sud du Chili sur le territoire ayant pour frontière naturelle septentrionale le río Biobío. Selon eux, les cieux étaient source de rêverie, ils croyaient qu'au début du monde, dans les hauteurs de l'univers, existait un être suprême, unique créateur, jadis accompagné d'autres dieux. À l'aube des temps, il transforma ces divinités subalternes en deux serpents, un de la terre, Ten Ten, un de la mer, Kay Kay. Depuis, ces deux-là ne cessaient de se jalouser. Leurs violentes querelles engendraient des séismes, des tsunamis et toutes sortes d'autres cataclysmes. Au supplice, martyrisés ou protégés tantôt par l'un, tantôt par l'autre, les êtres humains étaient condamnés à fuir constamment pour échapper aux désastres. Lorsque les Andes furent créées par Ten Ten pour les préserver des inondations, les Mapuches s'y réfugièrent, mais Kay Kay, furieux et capricieux, entra dans une rage folle, remplit l'océan et lui donna la force nécessaire pour remonter les flancs des montagnes et engloutir hommes, femmes et enfants. Une fois le serpent de mer apaisé, les rescapés qui avaient fui dans les hauteurs acceptèrent de redescendre et subirent peu après le courroux de Ten Ten qui avait enfanté des volcans. Pour les Mapuches, les deux forces, terre et mer, étaient des sœurs en opposition perpétuelle, instigatrices du conflit à l'origine de l'existence de leur peuple sur le fil instable d'un équilibre précaire. D'aussi loin que leur légende fondatrice faisait remonter leur origine, les Mapuches savaient leur survie aléatoire, dépendante de la versatilité des éléments naturels imposants qui encerclaient leur pays, cette étroite bande de terre habitable coincée entre le Pacifique à l'ouest et les élévations accidentées, infranchissables qui, à l'est, barraient complètement l'horizon.

Voilà, à quelques détails près, l'essentiel de ce qu'avait retenu Ollanta de la légende que lui racontait son père lorsqu'elle était enfant pour lui expliquer la genèse de leur peuple et celle du Chili. Plus tard, durant ses études, elle avait été impressionnée de constater que, ne possédant pourtant aucun outil de mesure sophistiqué, ses ancêtres avaient réussi à saisir la complexité de la situation géographique de leur cadre de vie. Aujourd'hui comme hier, la cordillère jouait son rôle de régulateur en s'opposant, telle une barrière, aux alizés qui naissaient au-dessus de l'Atlantique et empêchait les bourrasques qui soufflaient de l'intérieur de balayer le nord et le centre du pays. Les météorologues d'aujourd'hui appelaient El Niño le phénomène qui, même s'il recouvrait exceptionnellement le désert d'Atacama de jolies fleurs mauves, était surtout connu pour être à l'origine de récurrentes perturbations. Les vents soufflant entre l'Australie et l'Amérique du Sud se déséquilibraient : soit ils baissaient fortement d'intensité, soit ils s'amplifiaient de manière démesurée. Dans un cas ils amenaient davantage de pluie, ce qui provoquait des inondations ou des glissements de terrain, dans l'autre ils asséchaient la terre, détruisaient les récoltes, déclenchaient parfois d'énormes feux et anéantissaient de vastes étendues de forêts.

Ollanta éprouvait une certaine fierté en pensant que ses ancêtres n'avaient pas attendu l'arrivée de la technologie de pointe des Européens pour comprendre leur espace. Les Mapuches, contrairement aux nouveaux arrivants, n'avaient jamais eu l'ambition de contrôler leur environnement, ils ignoraient la prétention de le modifier en le surexploitant sans limite. Pour la jeune femme, tous gagneraient à s'inspirer de cette humilité. L'humanité dépendait de plus en plus de l'océan pour vivre ; alors, avec ses importantes réserves de poissons qui représentaient vingt pour cent de la pêche mondiale, le Chili contribuait à offrir au monde sa sécurité alimentaire. Or, au grand regret d'Ollanta, les activités industrielles s'y multipliaient, la Patagonie connaissait une expansion fulgurante de l'élevage intensif du saumon, avec son lot de pesticides, de parasites et d'antibiotiques déversés directement dans l'océan. Partout l'on constatait la prolifération de mauvais plancton, d'une espèce très particulière de la famille des dinoflagellés responsable de marées rouges toxiques, qui apportaient la mort massive et augmentaient la présence excessive de matières organiques à la surface de l'océan. L'écosystème saturait, finissait par suffoquer et favorisait l'extension de zones sans oxygène inhospitalières à toutes les formes de vie sous-marine – une catastrophe. Au Chili, les scientifiques estimaient que ces zones s'étiraient de Concepción, au sud, jusqu'à l'équateur, soit sur une bonne partie de la côte pacifique de l'Amérique du Sud.

Si les Mapuches n'avaient jamais eu pour dessein de dompter la nature, se dit Ollanta, c'était qu'ils avaient sans doute préféré gérer les occasionnelles catastrophes naturelles plutôt que de risquer de provoquer l'asphyxie de l'ensemble de l'écosystème. Se garder avant tout des excès, recommandaient les ancêtres. L'essentiel résidait ensuite dans la capacité de la nature à rester un espace dynamique enclenchant du mouvement perpétuel, des échanges. Que l'eau des profondeurs, pauvre en oxygène, puisse remonter vers la surface et se ventiler. Que soient respectées les relations, houleuses mais propices à la vie, entre le volcan dans la montagne et l'eau froide venue de la mer, entre la pluie et la terre qui nourrissaient. Préserver le ventre des canyons et leurs mystères qui constituaient le dernier refuge des populations invisibles, des espèces uniques de mollusques ou de bactéries en danger. À l'aune de la gravité de la situation, Ollanta prenait très au sérieux le fait de contribuer à l'un des premiers diagnostics d'envergure réalisés dans cette partie du Pacifique. Pour elle, il s'agissait aussi d'affiner et de compléter le savoir légué par ses ancêtres. En plus de Nugurue, les échantillonnages s'effectueraient dans trois autres canyons du secteur, ceux de Valdivia, de Biobío et de San Antonio, tous creusés jadis par des rivières. Avec ses collègues de Tara, elle allait évaluer le taux de dioxyde de carbone dans l'atmosphère, l'acidité de l'océan, l'état de la biodiversité, le pourcentage d'oxygène dans les différentes strates de la colonne d'eau, et enfin statuer là aussi sur la présence de plastique.

Il lui tardait de se forger une idée précise de l'état du Pacifique avant d'envisager et de mettre en place des mesures de nature à soutenir le Chili dans la préparation et la mise en œuvre d'un processus d'adaptation aux changements climatiques. Ollanta avait foi en la réussite d'une telle démarche, en revanche elle souhaitait de tout cœur que les femmes et les hommes du Chili et d'ailleurs acceptent non seulement de prendre conscience de l'importance des enjeux, mais aussi d'agir en changeant radicalement leurs comportements de façon durable. Et pourquoi ne pas s'inspirer de la sagesse ancestrale des Mapuches pour avancer vers un avenir plus apaisé envers la nature, afin qu'elle reste accueillante aux humains ?

*

Une décennie complète s'était écoulée lorsque des morceaux, invisibles à l'œil nu, de ce qui avait été un petit ballon rouge offert à un enfant dans une vallée des Alpes françaises, atteignirent l'entrée des canaux de Patagonie qui s'étendent entre Ushuaia et Puerto Montt. Darwin et d'autres aventuriers européens qui avaient parcouru cet étonnant territoire du bout de la terre l'avaient élevé au rang de région parmi les plus belles du monde, avec ses rivières gelées et le majestueux paysage montagneux de la fin de la cordillère des Andes. Un espace ciselé de reliefs escarpés recouverts de verdure au milieu d'un dédale de bras de mer et d'innombrables culs-de-sac marins. Une nature puissante et sauvage.

Au contact de cet univers très faiblement peuplé d'humains, où les rares marins de passage pouvaient encore trouver une eau douce potable, certains bouts de plastique s'échouèrent et s'enfouirent dans le sable blanc au fond de fjords d'un attrait exceptionnel. Ils se mêlèrent aux fleuves de glace millénaires qui coulaient et se noyaient directement dans l'océan, au milieu des colonies de manchots. Ils s'insérèrent dans les éclaboussures d'eau projetées par les jeux des dauphins, entrèrent dans la gueule des baleines franches et des rorquals qui nageaient entre les blocs de glace et se croisaient dans l'eau limpide aux reflets verts.

Ils se collèrent aussi aux mains des anciens pêcheurs d'araignées de mer géantes qui s'étaient reconvertis dans la culture d'algues… permettant de concevoir un type de plastique plus rentable.

Des siècles après Magellan, les déchets plastique issus de l'industrie pétrochimique empruntaient le chemin qu'il aurait suivi à l'assaut du territoire des flamants du Chili et des caracaras huppés. Un pays qui abritait une multitude d'autres oiseaux comme le condor andin, qui planait majestueusement dans le ciel nuageux à la manière d'une sentinelle des airs, ou encore les cormorans impériaux, qui résistaient aux vigoureuses bourrasques de vents brouillées de crachin et de bruine. Une contrée que les marins venus d'Europe baptisèrent Terre de Feu, parce que, jadis, les habitants y séchaient la tourbe pour en faire du feu, qu'ils entretenaient en le transportant sur des canoës. Les explorateurs qui observaient ce spectacle de nuit avaient l'impression que la terre s'enflammait et brûlait de mille feux.

Le plastique, enfant de la modernité, polluait et arrivait là où d'anciens peuples qualifiés de primitifs avaient disparu depuis longtemps. Les autochtones avaient été exterminés, massacrés par les colons ou décimés par les maladies importées d'Europe. Des femmes, des hommes et des enfants pour qui l'arrivée de la "civilisation" n'avait apporté ni prospérité, ni richesse, ni confort, mais avait été synonyme de mort et de disparition. À part de lointains souvenirs, comme des tas de coquilles de moules qui témoignaient des restes de leurs repas, presque rien n'avait conservé la trace des populations selknam au sud et kawésqar plus au nord, qui occupaient autrefois les nombreux îlots de la Terre de Feu. Fantômes d'habitants d'époques aujourd'hui oubliées à qui l'on avait reproché de préférer vivre nus, alors que c'était de cette manière qu'ils avaient su s'adapter à leur environnement puisque, depuis toujours, les contrées qui les abritaient subissaient de fortes pluies incessantes qui ne permettaient pas de sécher les vêtements. Constamment à bord de leurs canoës, ils se protégeaient du vent avec de simples peaux de bêtes, et leurs filles s'enduisaient de graisse de phoque pour se prémunir du froid lorsqu'elles plongeaient pour ramasser de grosses moules, aujourd'hui infectées par la marée rouge et impropres à la consommation à cause d'une explosion de plancton nocif. Sans doute une conséquence des activités humaines implantées plus au nord, près de l'île de Chiloé, là où pullulaient les parasites parce que les déchets des fermes à poissons, les pesticides et les antibiotiques y étaient répandus sans égard pour l'océan.

Peu après le passage de la goélette Tara en provenance de l'Atlantique, une partie des micro-plastiques issus du ballon rouge quitta les bordures des glaciers et longea les côtes du Chili jusqu'aux alentours de la baie de Concepción.

*

De forts vents d'est se levèrent, soufflèrent au-dessus du canyon de Nugurue et, en poussant les eaux de surface du Pacifique vers le large, libérèrent un espace pour les couches froides et denses des profondeurs. Les masses liquides riches en nutriments se mirent en mouvement pour rejoindre les parties supérieures de l'océan. La lame de fond s'épaissit, elle grandit jusqu'à atteindre les zones situées à près de cinq cents mètres à l'intérieur de la colonne d'eau. Une dynamique inverse anima les abysses où Héliosphéra s'enfonçait désespérément en direction du plancher de l'immense ravin. Puissante et large, la vague sous-marine l'emporta, elle et des centaines de millions d'organismes, vivants ou en décomposition, ainsi qu'un ensemble de minéraux essentiels à la survie du plancton, des poissons et des grands mammifères. La remontée d'eau qui s'amorçait annonçait un extraordinaire apport de nourriture à l'ensemble de la chaîne alimentaire.

Prise dans le tourbillon ascendant, Héliosphéra montait désormais vers la lumière, là où ses chances de rester en vie augmentaient. Mais, seule, sans le secours d'un partenaire, elle était condamnée à dépérir puis à s'éteindre à jamais. Isolée, elle ne disposait plus que de quelques heures ; or, elle était très affaiblie. La dame aux dentelles organiques essayait de puiser en elle les ultimes ressources nécessaires à l'accomplissement d'une fusion salvatrice. Seulement, la probabilité de trouver l'algue microscopique qui lui conviendrait dans l'immensité bleue se réduisait considérablement. Tout autour d'elle, le krill et d'autres prédateurs minuscules dévoraient des plantes microscopiques avant d'être eux-mêmes ingurgités par des poissons ou avalés par des baleines. Des dauphins affamés entraient dans la mêlée et, pour chasser, fonçaient au cœur de bancs de maquereaux, bousculaient leur organisation pour isoler et dévorer leurs proies.

Dans le chaos de la jungle aquatique, Xanthelle, en mouvement perpétuel sous l'action de ses flagelles, errait çà et là parmi la flore luxuriante, toujours en quête de la dame aux dentelles organiques. Même si l'afflux massif de plantes, d'animaux et de cadavres en provenance des profondeurs l'exposait davantage à d'éventuels assaillants, cela augmentait aussi ses chances de rencontrer l'élue. Elle n'arrêtait pas ses va-et-vient frénétiques. Sa détermination demeurait sans faille, puisque aucune menace n'égalait le risque d'être condamnée à endurer une vie amputée de l'aventure exceptionnelle que promettait une existence auprès d'Héliosphéra. Elle n'abandonnait pas. Xanthelle était habitée par une extraordinaire intuition à la recherche d'un mieux-être, à deux, ensemble, prête à s'organiser et à s'armer plus efficacement face aux périls du monde extérieur. Décidée à porter secours, prête à créer un élan commun pour parer aux dangers ou pour survivre aux pénuries. Rien n'aurait pu résister à la puissance de l'énergie qui la conduisait à choisir un seul partenaire parmi la multitude d'individus qui composaient le peuple des héliosphères, celui dont l'essence serait en adéquation avec ses attentes.

Son corps se mit à produire un pigment brun de nature à induire d'éventuels prédateurs en erreur, une manière aussi de signaler sa présence. La micro-algue remontait toujours plus vers la surface, par à-coups, elle accéléra, créa d'imperceptibles remous autour d'elle et provoqua l'éclosion d'une légère impulsion, un début d'onde, un tremblement qui se diffusait dans l'eau. L'embryon de courant chargé des matières colorées qu'elle avait répandues se propagea dans l'océan en portant un signal clair à qui saurait l'interpréter, puis Xanthelle se figea et attendit un long moment. L'onde légèrement teintée de brun se dispersa de façon très aléatoire dans l'océan, au gré du courant contrarié par les remous causés par les assauts rapides des prédateurs et par les tentatives de fuite, souvent désespérées, de leurs proies. Tous se montrèrent indifférents aux informations chimiques envoyées par Xanthelle – aucune réaction. Mais lorsqu'elles effleurèrent la fébrile Héliosphéra, fraîchement arrivée près de la surface du Pacifique, le message contenu dans le pigment diffusé par la micro-algue produisit un effet immédiat. Celle qui agonisait et risquait une fois encore de couler à pic, tant elle peinait de plus en plus à se maintenir à flot, fut sensible aux substances sécrétées par Xanthelle. En l'espace de quelques secondes, Héliosphéra, revigorée, retrouva l'allant nécessaire à sa survie. Ses dentelles s'illuminèrent légèrement d'un éclat argenté, les piquants rayonnant autour de son corps se dressèrent.

Deux entités diamétralement différentes se cherchaient, près de se trouver, elles allaient tendre vers un même but qui profiterait à chacune. Une forme d'assistance équitable qui emmènerait les amantes sur un chemin commun. Elles s'échangeraient des faveurs, pour la satiété en partage. Dans leurs actes futurs, chacune favoriserait, privilégierait essentiellement ce qu'il y aurait de bénéfique pour soi et pour l'autre. Intriguées toutes les deux, encore indécises, un lien se tissait pourtant. Xanthelle réagit la première, elle tourbillonnait, se mit en mouvement en esquissant un large arc de cercle autour d'Héliosphéra qui l'attirait à distance. Alertée par la présence au loin de Xanthelle au sein de la multitude d'organismes qui se bousculaient partout autour d'elle, Héliosphéra avait commencé elle aussi à tourner sur elle-même.

Dans la lumière troublée d'orange et d'ombre de l'après-midi au large du Chili débuta l'étrange ballet nuptial des abysses. Dissimulés dans le clair-obscur de la partie supérieure de la colonne d'eau, deux organismes invisibles à l'œil nu reproduisaient les gestes immuables de l'amour aquatique. Xanthelle, la dynamique, intensifia ses déplacements à la manière d'une toupie désaxée, frénétique, en cercles concentriques qui se resserraient de plus en plus, entraînant la fragile Héliosphéra dans son sillage. Une valse liquide sur un rythme soutenu au cœur de l'océan, une attirance mutuelle ponctuée de soubresauts. Les amantes, filles aux corps mous des fonds marins, se séduisaient au sein d'un halo incandescent. La membrane extérieure de l'algue se para subitement d'une aura vive d'un jaune presque fluorescent, intensifiée par l'énergie d'un désir ancestral et sauvage. Elle se rapprochait toujours plus près d'Héliosphéra qui brillait elle aussi, revitalisée qu'elle était par la force de s'abandonner à l'union à venir, à l'avènement d'un nouveau commencement, à la magie de se fondre dans l'autre et, ainsi, de se régénérer.

Ses dentelles s'épaissirent subitement, elles scintillèrent comme un appel puis se dilatèrent, enfin elles s'écartèrent lorsque Xanthelle les effleura, au prélude de leur union charnelle. La micro-algue sphérique se positionna au-dessus d'Héliosphéra, esquissant de légers mouvements du bas vers le haut, puis elle se posa délicatement sur sa partenaire en se laissant transpercer par les piques hérissées. Les trois couches de membranes externes de la plante s'ouvrirent le temps de laisser passer les excroissances siliceuses, avant de se répandre sur toute la surface d'Héliosphéra et d'entamer leur processus de fusion avec les dentelles organiques. Deux corps mous en ébullition qui frétillaient encore de manière désordonnée, en quête d'un rythme harmonieux. Elles s'étaient enfin rencontrées ! Restait à Xanthelle et à Héliosphéra à inventer sur le moment une alchimie de gestes coordonnés, une chorégraphie commune pour parfaire leur union.

Mais leur univers s'obscurcit subitement, au-dessus d'elles s'étira une longue bande de ténèbres en mouvement, la coque métallique d'un bateau où s'étaient accrochés des algues et des coquillages. Les rais de lumière autour d'Héliosphéra et de Xanthelle disparurent alors que leur enlacement venait à peine de commencer. Leur monde sombra brutalement dans le noir complet, il devint une prison d'une dizaine de centimètres cubes entourée par les parois lisses d'une matière inerte et inconnue. Elles étaient chahutées dans un espace dénué de tout courant mais néanmoins plus instable encore qu'une tempête tropicale, une anomalie, un danger qui ralentissait l'ébauche de leur symbiose. Arrivèrent alors des soubresauts encore plus violents, puis un semblant de calme dans une nuit sans étoiles durant de longues minutes. L'eau dans laquelle elles baignaient refroidissait rapidement vers des températures qui pouvaient leur être fatales. Avant qu'il ne soit trop tard, elles furent arrachées de leur enclos de plastique et exposées ensemble à une lumière blanche, aveuglante. Enfin, une paroi transparente s'abattit sur elles, l'air se raréfiait, une dizaine d'organismes séquestrés avec elles périssaient déjà à leurs côtés. Sous l'étau d'une lamelle de verre qui les écrasait, Xanthelle et Héliosphéra suffoquaient.

*

Elle apprenait vite, Ollanta. Chaussée de ses lourdes bottes de sécurité, vêtue de sa parka et de son pantalon de quart, elle avait activement participé à la préparation de la station du jour avec un étonnant sens de l'anticipation. Marta l'avait encouragée et complimentée. Bien plantée sur ses appuis, l'ingénieure se tenait avec beaucoup plus d'assurance sur le sol glissant du pont. Solidement harnachée au niveau de la taille, elle avait parfaitement exécuté les gestes qui lui avaient été enseignés et avait fait preuve d'efficacité en aidant Pep à manœuvrer la rosette, jusqu'à la remonter et la fixer à l'arrière de la goélette. L'Espagnol, toujours de bonne humeur, l'avait félicitée en la taquinant un peu, lui reprochant gentiment l'air très sérieux, presque tendu, qu'affichait son visage. Il lui conseilla de l'imiter, lui qui agissait toujours en se laissant aller aux rythmes de reggae et de dancehall qui sortaient constamment des enceintes pendant le travail sur le pont. Ollanta épongea d'un revers de main la sueur sur son front et essaya de se détendre, mais le sourire qu'elle esquissa trahissait tout de même une certaine nervosité.

L'échantillonnage vertical achevé, Raul et le reste de l'équipe estimèrent avoir récolté suffisamment de matériel pour établir une répartition convenable des espèces présentes dans la colonne d'eau, les collectes horizontales pouvaient commencer. Après avoir tangué et roulé sur place un long moment, le capitaine demanda au chef mécanicien de mettre le moteur en route et Tara repartit. De son côté, Ollanta prit l'initiative, elle se détacha et décrocha le filet à plancton réclamé par Raul, puis Marta assista sa jeune collègue qui déployait le grand cercle métallique sur lequel était attachée une toile de nylon de forme conique. Elles vérifièrent ensemble la fixation du collecteur à l'extrémité du filet et levèrent le pouce en guise d'approbation. Puis elles le firent lentement descendre à l'aide d'un long câble. Attendre un peu que le filet se déploie sur toute sa longueur, le laisser s'enfoncer en dessous de la ligne de flottaison et le traîner sur une centaine de mètres avant de le remonter. L'eau passa abondamment à travers les mailles, seuls les organismes les plus gros, ceux qui intéressaient les scientifiques, restèrent dans le collecteur. Les autres furent rendus à la mer. Ollanta s'exécutait avec des gestes précis : démonter le collecteur, récupérer son contenu dans un récipient, préparer méthodiquement l'échantillon en ne conservant que les types de phyto- et de zooplancton recherchés pour les études qualitatives à venir, les répertorier en individus et en communautés, il s'agirait ensuite de les séquencer afin d'accéder à leur génome. Au terme de l'exercice, Marta et Ollanta avaient immergé deux filets supplémentaires avec des tailles de mailles différentes.

Commença alors une nouvelle course contre la montre. Ollanta le savait, hors de leur milieu naturel la durée de vie déjà éphémère de ces êtres fragiles se réduisait considérablement. Il était impératif de se hâter pour conditionner la plus grande partie des prélèvements, soit dans l'azote liquide, soit à quatre degrés dans le frigidaire, ou à moins vingt degrés dans le congélateur. Elle alla rapidement chercher ses gants oubliés dans sa cabine pour ne pas se geler les doigts, les enfila et revint. Trier méthodiquement, se concentrer, étiqueter soigneusement, catégoriser et préparer les éléments recueillis pour le prochain *shipping* aux quatre coins du monde pour des analyses poussées qui demanderaient parfois plusieurs années de recherches à des équipes internationales. Enfin, elle put souffler, s'octroyer une pause, s'accorder un instant de décontraction.

Seule dans le laboratoire, elle s'assit sur un tabouret et se saisit du microscope Curiosity. Parmi les rares échantillons qu'elle avait conservés pour qu'ils soient observés sur le bateau, Ollanta prit l'équivalent d'une demi-cuillère à café qu'elle déposa sur une lamelle pour en découvrir le contenu. Inertes, de nombreux organismes avaient malheureusement déjà péri, surtout des diatomées. Sur le moment, la jeune femme s'interrogea : comment de si petits êtres pouvaient-ils à eux seuls générer plus de cinquante pour cent de l'oxygène produit chaque année sur la planète ? En zoomant, elle reconnut pour la première fois les signes caractéristiques de la présence de micro-plastiques, une excellente nouvelle pour ses recherches, un sérieux problème à gérer maintenant et surtout à l'avenir dans cette zone du Pacifique au large du Chili. Toute son attention mobilisée sur les restes de polyéthylène, elle faillit ignorer le superbe radiolaire qui flottait à côté. Elle identifia immédiatement le squelette en silice construit selon un plan architectural bien défini, géométrique et sphérique, avec des épines qui rayonnaient tout autour. Cela ne faisait aucun doute, elle se trouvait en présence d'un superbe spécimen de la famille des héliosphères.

Lorsque à l'aide de la languette de réglage elle affina son observation, Ollanta s'extasia davantage devant la fine peau de dentelles organiques, mais une anomalie lui apparut tout de suite. Le voile délicatement répandu tout autour des piquants n'était pas du tout immaculé, il s'était teinté d'une étrange couleur brune et semblait en faible ébullition, comme si une réaction biochimique s'opérait sur le corps mou du plancton. D'abord incrédule, elle ouvrit de grands yeux et hésita à se prononcer sur ce qui se réalisait sous l'objectif du microscope. Elle s'écarta quelques secondes, réfléchit, puis se concentra de nouveau. Son pouls s'accéléra, quelque chose d'improbable se passait. Elle ajusta la vis micrométrique pour examiner son objet d'étude de manière encore plus précise : des détails sans équivoque apparurent. Dès l'instant où, dans la matière brune en mouvement, elle reconnut la membrane d'une zooxanthelle, Ollanta écarta ses dernières hésitations quant à la véritable nature du phénomène qui se déroulait sous ses yeux. Avec un mélange d'étonnement et d'immense joie, la jeune femme comprit qu'elle était en train d'assister au processus de symbiose planctonique entre un individu appartenant au phytoplancton et un autre issu d'une population de zooplancton, un événement très rarement observé par les scientifiques.

Sur le moment, ce n'était plus l'ingénieure qui appréhendait un objet avec une approche scientifique : l'être vivant mi-animal, mi-végétal avec lequel elle venait d'entrer en contact avait pris une autre dimension. Il suscitait en elle une très vive émotion, mais c'était aussi son corps qui se découvrait sensible, réceptif à celles qui s'unissaient sous la lamelle de verre. Le cœur d'Ollanta fondait devant cette magie d'Héliosphéra et de Xanthelle, elle les trouva belles et, de les regarder ainsi, elle ressentait une série de picotements sur les avant-bras, dans le ventre, et des décharges d'adrénaline dans la poitrine. Personne au monde n'avait pu jusqu'à présent expliquer clairement les ressorts d'une telle osmose. De se trouver là, en face d'un des mystères encore incompris du vivant, bouleversait Ollanta d'une manière totalement inédite, une expérience unique. Elle s'écarta de nouveau du microscope, tenta de rassembler ses idées en se frottant les yeux ; elle pensa à appeler Marta, Raul ou

Pep, l'ensemble de l'équipe, les marins aussi, que tous puissent assister en direct à l'incroyable mutation simultanée de deux êtres en pleine fusion. Mais sa fascination se montra plus forte, l'individu microscopique réclamait son attention, la jeune femme se dépêcha de retrouver le plancton qui la captivait. Elle replaça son œil derrière l'oculaire, négligea les morceaux de plastique et chercha en déplaçant fébrilement la lamelle sous l'objectif du microscope. Devant l'hécatombe d'organismes morts autour d'Héliosphéra et de Xanthelle, Ollanta eut soudain un mouvement de recul. Horrifiée, elle plaqua ses deux mains devant sa bouche grande ouverte.

Le processus de symbiose s'enrayait. Les tons dorés de Xanthelle pâlissaient, elle avait cessé de s'enrouler autour du corps d'Héliosphéra et commençait à se décoller de sa surface souple. Les piquants mollissaient comme si leur base faiblissait, la greffe ne prenait plus. Sous la lamelle de verre, Ollanta remarqua que l'aspect des deux organismes avait terni, ils se distançaient. Elle s'en voulut de ne pas avoir saisi l'évidence plus tôt : ils agonisaient. Alors qu'Ollanta s'extasiait des traits particulièrement gracieux de leurs morphologies et du caractère extraordinaire de leur fusion, la micro-algue et l'animal microscopique semblaient lutter avec l'énergie du désespoir. Aveuglée par son enthousiasme, la jeune femme prit conscience qu'elles les avaient relégués au rang d'objets mis à la discrétion de la science, en partant du principe que sa curiosité et sa soif de connaissances lui donnaient le droit de disposer à sa convenance d'êtres vivants, pourtant en danger de mort sous l'objectif de son microscope, au mépris des efforts qu'Héliosphéra et Xanthelle avaient fournis pour se rencontrer et commencer à s'unir. Un sentiment de honte submergea la jeune femme, elle qui depuis toujours ambitionnait de tisser un lien empreint de respect avec toutes les composantes de la nature, même avec les plus petites, invisibles à l'œil nu. Derrière le phénomène qu'Ollanta qualifiait d'unique, se concrétisait un puissant élan nécessaire à la survie d'Héliosphéra et de Xanthelle, or la scientifique l'entravait peut-être de manière irréversible.

Réagir vite, pensa-t-elle pour corriger son erreur, plus une seconde à perdre. Elle les récupéra dans une pipette et les plongea dans le reste de l'échantillon. Oubliant de revêtir son gilet de sauvetage, elle sortit du laboratoire, bouscula Marta en se pressant dans l'escalier, et n'entendit même pas les remontrances du second capitaine qui lui rappelait les règles de sécurité. La jeune femme se dépêcha de rejoindre le pont, fonça à la proue et rendit Héliosphéra et Xanthelle à la surface de l'océan Pacifique, leur milieu naturel. Dans la précipitation, elle avait complètement négligé la présence des micro-particules de plastique qu'elle venait de découvrir. Une infime partie du ballon rouge offert à un petit enfant il y avait bien longtemps de cela dans une vallée des Alpes françaises fut de nouveau déversée dans l'océan. Méconnaissable, le polyéthylène avait encore changé de nature en rapetissant, mais demeurait bien présent. Pour l'heure, des larmes perlaient des yeux humides d'Ollanta, appuyée à l'avant de la goélette, elle priait pour qu'Héliosphéra et Xanthelle aient résisté à leur séjour forcé sur Tara.

En cette fin d'après-midi, le brouillard s'installait en même temps que le soleil déclinait, le crépuscule qui se profilait promettait d'offrir un spectacle aux couleurs très particulières. Les deux mains accrochées à la rambarde, Ollanta rêvassait. La confusion dans son cerveau, le cœur chamboulé, des sentiments partagés lui donnaient du vague à l'âme. Mélancoliques, ses pensées oscillaient entre l'espoir que se prolonge la vie de celles qu'elle espérait avoir sauvées *in extremis*, et des sensations étranges aux contours encore flous qui la laissaient perplexe. Malgré la culpabilité qu'elle ressentait, l'image exceptionnelle des deux êtres en train de se fondre l'un dans l'autre s'était gravée dans sa mémoire et continuait à l'émerveiller. Sans pouvoir l'expliquer, Ollanta était persuadée que l'être hybride sous la lentille de son matériel high-tech avait su inventer les ressources pour entrer en communication avec elle. Des idées fantasques la taraudaient, elle s'interrogeait sur la nature de ce qui l'avait si intimement liée à ces organismes microscopiques. Suffisait-il, comme elle l'avait appris durant ses études, que le fœtus humain, à une certaine étape de sa gestation, possède cette proximité avec le monde aquatique sous la forme de vestiges de fentes branchiales pour qu'elle ait pu éprouver cet élan sensible, surprenant, qui l'avait rapprochée du plancton, ou s'agissait-il d'autre chose ? Elle supposa que sa présence sur Tara lui permettait peut-être de vivre plus intensément cette empathie envers les populations marines et leur univers aquatique qu'elle cultivait depuis plusieurs années. Ollanta sourit en se rappelant qu'enfant, elle n'avait jamais cru en l'existence de monstres qui peuplaient les mers. Depuis qu'elle s'intéressait aux peuples du plancton, elle s'était attachée à leur délicatesse, à une sorte de sérénité qui, du reste, la séduisait davantage que l'agitation du monde terrestre.

Ollanta restait sans réponse. L'expérience sensible, presque affective, avec le plancton l'avait étourdie, touchée. Sur le moment elle se trouva un peu naïve ou légèrement folle, elle esquissa un sourire gêné, secoua un peu la tête et passa doucement sa main sur son front et sur toute la longueur de ses cheveux noirs, comme pour se ressaisir. Songeuse, elle leva les yeux au ciel, dans lequel une lune pleine brillait. Elle contempla l'astre zébré de rayons argentés luisant dans la nuit légèrement brumeuse, inspira profondément et remplit ses poumons de la fraîcheur du grand large. D'expérience humaine au contact des scientifiques et des marins, d'ivresse de la navigation et d'immersion dans la science en action, son périple sur la goélette venait de se transformer en un déroutant voyage émotionnel. Un peu plus tard, lorsqu'elle aperçut les premières étoiles derrière le voile de brouillard, leur lumière captiva longtemps son regard. Un court instant elle se figura être devenue un trait d'union entre la voûte céleste et les contrées abyssales, elle pinça les lèvres, ferma les yeux et baissa la tête.

Longtemps la mémoire d'Ollanta conserverait l'épisode singulier de cette rencontre, comme un trouble, une sensation ambiguë et de nombreuses questions sans issue précise, tant Héliosphéra et Xanthelle avaient réveillé en elle des ressources dont elle ignorait l'existence un peu plus tôt. La seule chose dont elle se sentait à peu près certaine était que plus jamais des individus planctoniques ne lui apparaîtraient uniquement sous les traits d'organismes rudimentaires ou d'objets d'étude. Chacun d'eux contenait à lui seul toute la magie et tout le mystère du vivant. À ce titre, tous méritaient d'être considérés avec tendresse et respect. En Ollanta s'éveillait la conscience que ses seules compétences scientifiques ne lui permettraient jamais de saisir la multiplicité de leurs facettes et l'étendue de leur complexité.

Enfin, elle eut une pensée pour les micro-plastiques qu'elle avait identifiés sous le microscope, elle hocha la tête et baissa les yeux en s'apercevant que, dans la précipitation, elle avait négligé de le maintenir hors de l'océan…

*

Si les océanographes d'aujourd'hui arrivaient à estimer à peu près la durée de vie moyenne des populations sous-marines, en revanche ils s'étonnaient encore et s'affolaient de plus en plus en constatant la longévité des nuisances engendrées par les matières plastiques. Elles se transformaient sans cesse et leur nocivité générait des problèmes qui paraissaient insolubles.

Reversés dans la précipitation par Ollanta depuis le pont de la goélette Tara, les restes microscopiques du ballon rouge jeté quelque dix ans plus tôt dans les Hautes-Alpes empruntèrent la direction d'un courant froid qui circulait depuis les régions polaires et descendirent lentement vers les contrées les plus mystérieuses de la planète au fond du canyon sous-marin de Nugurue. Ils pénétrèrent des endroits encore méconnus de l'homme, un milieu paisible jusque-là, isolé, aux aspects étranges, inhospitaliers. Invisibles, les plastiques planèrent dans l'obscurité du royaume de bactéries vivant en harmonie avec des vers aveugles. À mesure qu'ils descendaient, l'acidité de l'eau grandissait, accélérant leur fragmentation et les plus petits d'entre eux acquirent des formes leur permettant de s'introduire dans les organismes sans même être ingurgités.

Ils s'enfoncèrent toujours plus bas, jusqu'aux écosystèmes qui, à défaut de bénéficier de l'énergie du soleil, puisaient le moteur de leur existence au sein des éléments chimiques remontant du centre de la Terre. Durant leur lente course dans l'opacité sombre, les particules de polyéthylène croisèrent des créatures aux formes surprenantes : certaines dotées d'yeux globuleux couleur sang, d'autres qui présentaient de singulières excroissances exorbitantes, ou encore des corps qui se confondaient au noir de la nuit avec des organes internes bioluminescents.

Un poisson carnivore dénué d'épine dorsale, en quête de nourriture, détecta la présence d'un intrus à la texture inconnue, s'en approcha et le goba. Surpris, et tout de suite écœuré, le fossile vivant coiffé d'une sorte de casque recracha en ouvrant largement ses imposantes mâchoires, découvrant des dents surdimensionnées, pointues, disposées en rangées. Perturbé, l'animal aux allures de monstre se hâta de s'éloigner, comme pour oublier cette rencontre improbable entre la réminiscence préhistorique qu'il incarnait et un produit industriel humain du XXIe siècle. La bête des profondeurs poursuivit son chemin, laissant les molécules produites par l'homme déambuler parmi les ténèbres abyssales, une autre dimension, si pauvre en oxygène qu'elle demeurait privée de vie végétale depuis l'aube des temps.

Les micro-plastiques atteignirent le plancher tapissé de plantes mortes et de squelettes accumulés depuis des temps immémoriaux, au milieu du vaste relief très accidenté du fond. Ils se frayèrent un chemin jusqu'à un minuscule cratère construit par un crustacé près d'une cheminée naturelle rejetant une eau magmatique sombre, extrêmement chaude. Les micro-plastiques se nichèrent aux côtés de la multitude d'êtres qui proliféraient autour de ces lieux d'échange entre le monde minéral du noyau de la planète et l'univers du vivant. Les éléments toxiques qu'ils ne cessaient de distiller entrèrent ainsi en contact avec les microbes les plus anciens et avec des éléments fondamentaux qui avaient favorisé l'éclosion de la vie trois milliards d'années plus tôt.

Dans cet univers singulier, accessible aux humains uniquement par l'intermédiaire de quelques robots conçus pour résister à la pression colossale, se mettaient en place de préoccupantes alchimies, d'inquiétantes combinaisons biochimiques aux conséquences impossibles à anticiper sur l'atmosphère, sur la faune et sur la flore terrestre. Dans ce refuge naturel où aucune femme, aucun homme ne poserait jamais le pied, s'invitaient les déchets ménagers de leur société de consommation et les dérivés nocifs de leurs usines pétrochimiques.

*

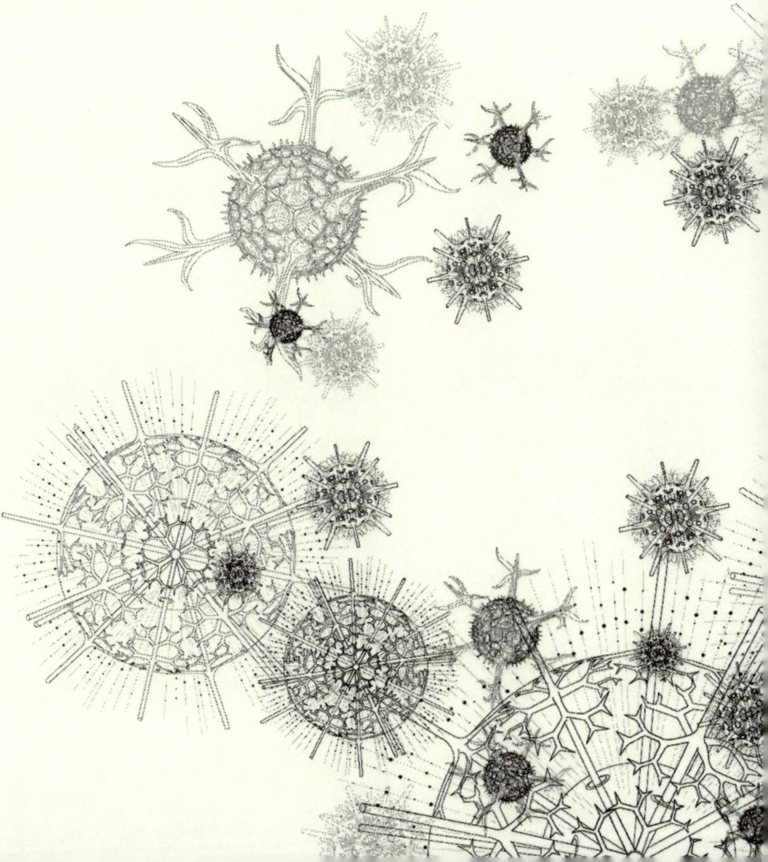

Les éclats de rire, les voix des marins et des scientifiques ainsi que les bruits du moteur atténués par les masses d'eau s'estompaient à mesure que la goélette s'éloignait, rendant au Pacifique sa quiétude et son silence. Sous eux, comme bien avant leur passage et certainement très longtemps après, le cycle de l'océan, lui, demeurait, se perpétuait, imperturbable et insensible aux gesticulations humaines. La parenthèse ouverte momentanément par l'agitation des hommes se fermait, leur science et leur matériel disparaissaient, la mer recouvrait son rythme lent et, surtout, les règles qui régissaient l'existence des populations sous-marines depuis des centaines de millions d'années reprenaient leurs droits. Les perturbations et le vacarme occasionnés par la présence de Tara s'amoindrissaient autant que l'agitation des poissons, petits et gros, qui s'enfuyaient de part et d'autre de la coque de la goélette. Les populations de plancton qui s'étaient illuminées à l'arrière du bateau brillaient encore à la faveur de la nuit tombée, la large bande phosphorescente qu'ils avaient formée baissait graduellement d'intensité, elle éclairerait la peau du Pacifique encore quelques minutes, puis disparaîtrait complètement.

Exténuées après leur passage forcé hors de l'océan sous le regard ébloui d'Ollanta, Héliosphéra et Xanthelle avaient miraculeusement survécu. Collées l'une à l'autre, elles rejoignirent les eaux striées de lumière en compagnie de micro-plastiques et des cadavres des milliers d'organismes présents dans l'échantillon qu'Ollanta avait reversé dans l'eau. Elles retrouvèrent l'univers dense de la canopée parmi la flore fragile aux structures délicates, un univers idyllique, propice à leur symbiose. La dame aux dentelles organiques s'accrochait à sa partenaire qui recommençait à l'entourer : elles s'absorbaient mutuellement. De retour au sein de leur milieu naturel, la fusion de l'animal et de la plante reprit d'abord sous la forme d'un regain de vitalité puisque Héliosphéra se mit à scintiller d'un intense rayonnement argenté, les tons bruns de Xanthelle se changèrent en un ocre très vif, elles provoquèrent ensemble une explosion de couleurs. D'infimes étincelles de vie s'allumèrent dans l'immensité du Pacifique, les préliminaires d'ébats souples et farouches, les prémices de la mutation de deux existences qui se transformaient en une singulière entité, insolite, hybride. Les trois membranes de la micro-algue s'arrimèrent aux dentelles organiques d'Héliosphéra, elles s'entremêlèrent et se nouèrent en tournant sur elles-mêmes. Étrange ballet d'un corps mou s'abreuvant de silice, les chairs de l'une s'incrustèrent dans le squelette de l'autre, un mélange de pigments et de sécrétions de nature inconnue, jusqu'à ne plus composer qu'un seul et même être en forme d'ellipse hérissée de piques. Au terme de leur étreinte il était impossible de reconnaître où commençait l'une, et quelle partie appartenait à l'autre : la fusion s'était achevée. Xanthelle et Héliosphéra, parties insignifiantes de la faune et de la flore aquatiques, êtres vivants dénués de cerveaux mais mus par la nécessité de conjuguer leurs solitudes, avaient harmonisé leurs différences en une unique mosaïque, en un bouquet de couleurs fluorescentes. Elles s'étaient réinventées et avaient engendré une espèce inédite, ni animale ni végétale, d'un genre échappant aux catégories rigides édictées par les humains. Entraînés dans un sensuel vertige, phyto- et zooplancton avaient effacé les barrières de la subdivision du monde vivant en espèces et en règnes irréconciliables.

Conservant les propriétés de l'algue, le nouvel être attendait patiemment l'avènement du jour pour recommencer à se nourrir de lumière et à croître en fabriquant de la matière organique grâce à la photosynthèse. Avec cette nouvelle alliance, l'animal qu'il abritait, bénéficiant de nutriments à profusion, allait d'emblée s'affranchir de toute propension à la concurrence et à la violence inhérente à la consommation d'autres organismes. L'autre, qu'elles auraient pu juger par trop dissemblable, à l'essence étrangère, rédhibitoire, apparaissait sous un jour qui inspirait maintenant l'attachement, le sentiment d'être proche, simplement familier. Dans l'univers opaque et mutique des abysses, là où les différences auraient pu constituer le terreau de la discorde et de l'opposition, elles étaient devenues le berceau de la conciliation et de la concorde. Une osmose féconde du monde animal et du monde végétal sous le sceau de l'effacement des frontières. La diversité ne s'était ni affrontée ni précipitée dans une dynamique de conflit, mais mêlée, déployée vers toujours plus de proximité et d'intimité. Les contraires s'étaient régulés, ordonnés et avaient finalement produit l'harmonie. Ce que nul mammifère terrestre – humain compris – n'aurait jamais réussi à concevoir, s'était réalisé une fois de plus au-dessus du canyon de Nugurue, au large du Chili.

À l'intérieur des eaux recommençait la migration invisible des peuples des abysses. Le temps était calme, l'air limpide, les conditions idéales étaient réunies : le Pacifique redevenait le gigantesque théâtre d'immenses mouvements de populations aquatiques. Par centaines de millions, ils remontaient vers les cent premiers mètres de la colonne d'eau, puis se retireraient aux heures de l'aube, lorsque la lumière s'introduirait de nouveau dans la jungle sous-marine.

*

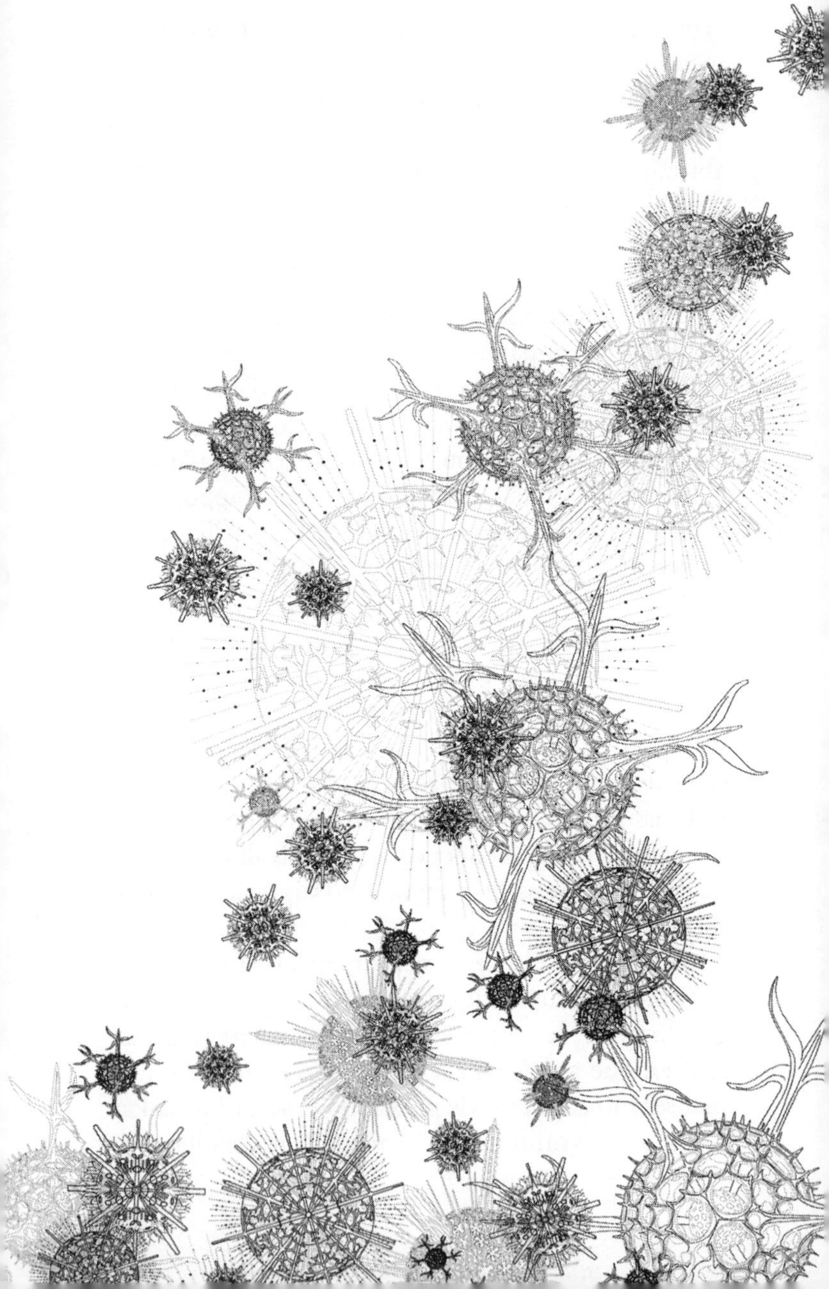

Seule, accoudée à la proue de Tara, Ollanta fouillait encore du regard les vagues aux derniers instants du crépuscule. Elle tendait l'oreille avec le vain espoir d'entendre des messages véhiculés à travers les mélodies des profondeurs murmurées par les eaux et par les peuples qui l'habitaient. Elle n'entendait plus qu'un roulis dans le silence, puis le moteur de la goélette s'arrêta. La nuit était déjà tombée lorsqu'un peu plus tard, Marc lui apporta un gilet de sauvetage. Le second capitaine était sensible au trouble qui habitait la jeune femme, il l'avait rejointe sans lui poser de questions et lui entoura les épaules avec une veste de quart en lui annonçant que le capitaine avait décidé que l'avancement dans le planning des stations permettait de mettre le bateau au mouillage pour la nuit et qu'ils en profiteraient pour s'octroyer un moment de détente dans la soirée : un apéritif dînatoire.

Les températures commençaient à chuter mais restaient fort agréables, parfaites pour se retrouver tous ensemble sur le pont autour d'un verre. Pour Ollanta, il était temps de descendre et de participer à la préparation des festivités. Dans l'exiguïté de la cuisine, Solenn, épaulée par Marta, Pep et Philippe, s'affairait depuis trois bons quarts d'heure à concocter de petits plats spéciaux pour l'occasion. Des bols de chips, des assiettes de tapas étaient déjà prêts, mais pour rendre hommage à la bienveillance des pêcheurs chiliens, la cuisinière avait porté une attention particulière au découpage et à la cuisson du poulpe reçu en cadeau. Sur la grande table du carré, Tom et Raul coupaient des parts de pizza et de quiche qu'ils disposaient sur des plateaux. À grands cris de joie, Marta sortit de sa cabine en brandissant trois bouteilles de Tarapacá, la perspective de boire du vin rouge chilien lui valut une bruyante ovation générale. D'un des coffres de la cuisine, Philippe délogea des alcools un peu plus forts, du Martini, du rhum et un whisky, le visage d'Ollanta s'illumina d'un large sourire, elle s'était détendue. Ensemble ils portèrent les mets et les boissons sur le pont et s'installèrent pêle-mêle sur le sol autour des mâts. Laurent arriva en dernier, il s'était débrouillé pour éclairer un peu l'espace à l'avant de Tara. Tom porta un toast au bon déroulement de la mission et à la nouvelle venue, en la félicitant pour son intégration rapide dans le groupe. Alain la complimenta à son tour pour avoir si peu souffert du mal de mer, tous scandèrent son prénom en lui demandant un discours. Mais l'émotion serrait la gorge de la jeune femme, elle se contenta de les remercier timidement puis se leva et fit le tour de l'assistance pour trinquer avec chacun en enjambant les bouteilles et les assiettes.

Alors qu'ils buvaient et se restauraient, les discussions allaient bon train. Isolés au milieu du Pacifique, tous commencèrent à se livrer un peu, les propos se firent plus intimes et se concentrèrent sur la vie à terre : les jumeaux de trois ans et leur maman restés à Rennes qui manquaient parfois à William, le bateau que Philippe et un ami avaient acheté pour faire des virées le samedi soir entre la presqu'île de Quiberon et Belle-Île dès l'été prochain, le projet de déménagement de Solenn de Strasbourg à Lorient qui la fatiguait déjà, ou encore l'idée folle de Tom d'acheminer bientôt le voilier qu'il avait laissé à quai en Tasmanie jusque dans le Finistère. Un peu de mélancolie s'invita sur le pont : le blues des marins constamment tiraillés entre l'attrait irrépressible du voyage pendant des semaines entières et l'attachement au foyer. Mais avant qu'un silence pesant ne s'installe, Alain amusa tout le monde en avouant que depuis qu'il avait pris goût aux expéditions océanographiques, il n'avait plus vraiment de foyer et enchaînait les voyages aux quatre coins du monde de manière compulsive. Ollanta écoutait et se laissait séduire par les tranches de vie qu'elle découvrait, toutes si surprenantes et singulières, uniques. Elle réalisa n'avoir entendu personne ici se plaindre de l'absence de connexion pour les téléphones portables ou de l'accès très limité au wi-fi dès que la goélette s'éloignait des côtes, elle avait vraiment embarqué dans un autre monde qui lui seyait à merveille. En regardant autour d'elle, elle remarqua aussi qu'ici, l'apparence ne jouait plus aucun rôle. Comme elle, la plupart des femmes et des hommes présents sur le bateau portaient un tee-shirt à l'effigie de Tara, le même pantalon dédié au travail et un identique sweat à capuche bleu avec l'écusson de la Fondation cousu en haut de la manche. En se débarrassant des artifices du paraître, elle s'était rendue comme les autres disponible aux saveurs d'un autre être à elle-même et au monde, entre l'intimité de Tara et, à l'extérieur, l'infini du ciel et de l'océan. Il lui fallait absolument étirer au maximum cette parenthèse de sa vie qu'elle venait d'ouvrir, la magie de la goélette Tara l'avait conquise.

En aparté elle demanda timidement au capitaine s'il était envisageable pour elle de prolonger son séjour, prévu pour cinq semaines, jusqu'à Iquique plus au nord, près de la frontière bolivienne. Tom lui répondit immédiatement par un oui et se leva pour l'annoncer à l'assemblée, tous l'acclamèrent une fois de plus. Debout, Laurent prévint la jeune femme qu'elle ne savait pas à quoi elle s'exposait, puisque sur leur route vers le nord elle aurait à franchir l'équateur en bateau pour la première fois de sa vie, or la tradition imposait de la soumettre à un rituel particulier. Tout cela devait rester un mystère, les six marins échangèrent des sourires en coin. Marie proposa de fêter la bonne nouvelle sur-le-champ et alla chercher sa guitare, Tom la suivit et rapporta son accordéon. Ensuite ils se mirent tous ensemble à jouer et à chanter pour Ollanta dont l'émotion s'intensifiait avec l'ébriété. Les uns improvisaient en espagnol, d'autres en anglais, mais ce furent les airs populaires repris en français qu'ils entonnèrent en chœur dans la nuit fraîche du Pacifique pour parfaire le moment de communion à bord de Tara, au-dessus du canyon de Nugurue au large du Chili. La petite fête continua une bonne heure encore, puis arriva le moment de tout débarrasser, de ranger et de redescendre. Heureusement pour l'équipage et pour les scientifiques épuisés, le mouillage en zone sûre les exemptait de quarts de nuit.

Ollanta fut la dernière à rejoindre sa cabine. Elle tenait à rester un moment seule à la proue pour verser en secret quelques larmes de joie et pour se réjouir de la perspective d'allonger l'aventure de trois semaines, une invitation à s'étourdir davantage d'ailleurs et de vents. Elle avait tellement hâte de poursuivre la remontée de la côte chilienne ! Ensuite elle découvrirait le Panamá, puis elle traverserait le fameux canal avant de mettre le cap sur la mer des Caraïbes jusqu'aux Antilles. Ollanta atteindrait la Guadeloupe par la voie maritime occidentale, à la manière de ses lointains ancêtres amérindiens des dizaines de milliers d'années plus tôt, et non à la manière brutale des premiers Européens arrivés par l'est après avoir traversé l'Atlantique. Un symbole fort pour la jeune femme, tous les ingrédients étaient réunis pour s'enivrer du rêve éveillé !

Au moment de s'endormir, Ollanta se laissa bercer par le souvenir de la symbiose dont elle avait été témoin. Les deux êtres qu'elle avait vus s'enlacer ne pouvaient être uniquement considérés à l'aune de leur position à la base de la chaîne alimentaire. Ollanta était persuadée d'avoir assisté à la célébration d'un éloge à l'amour universel. Elle regrettait simplement de ne jamais connaître le rôle qu'elle avait vraiment joué dans l'histoire de Xanthelle et d'Héliosphéra, à moins qu'une nuit, sourit-elle dans le noir, à la faveur d'un songe ou d'une vision, l'une de ses ancêtres mapuches, amie de tout ce qui vivait en ce monde, ne vienne le lui murmurer à l'oreille.

*

Sous la surface de l'océan bouillonnait une extraordinaire vitalité nourrie de prédations brutales, d'associations opportunistes et de coopérations durables. Lorsqu'un épais voile bleu nuit recouvrit complètement l'enchevêtrement de faune sauvage et de flore foisonnante de la jungle sous-marine du Pacifique, Héliosphéra et Xanthelle étaient arrivées au terme de leur étreinte. Les amantes unicellulaires mélangées sous une même enveloppe organique s'employaient désormais à goûter aux délices de leur union, sans autre but que celui d'œuvrer à la solidifier, à se régénérer et à se satisfaire mutuellement le plus longtemps possible. Apaisées, elles allaient s'appuyer sur les spécificités de chacune pour renforcer leur osmose, s'alimenter en cercle fermé, recycler conjointement leurs déchets, puis inventer une stratégie de survie en consolidant leur cercle vertueux d'entraide et de solidarité savoureuse. Leur alliance sous le sceau de la mise en commun de leurs aptitudes respectives consacrait l'essence du mécanisme moteur de l'évolution, un élan impossible à restreindre à la rudesse de la sélection naturelle. Portées par cette dynamique bénéfique à tous, Héliosphéra et Xanthelle contribuaient à perpétuer la source de l'énergie à l'origine de la transformation des formes de vie vers des entités nouvelles, toujours plus complexes et mieux adaptées : la coopération pacifique.

REMERCIEMENTS

Je tiens à remercier Stéphane Durand pour avoir porté ce roman avec moi, en l'accompagnant avec l'équipe Arts, nature & société des éditions Actes Sud.

Merci à Anne du Parquet et à l'Institut français de Paris qui, malgré les restrictions liées à la pandémie de la covid-19, ont soutenu et financé ce projet.

Merci aussi à Julie Le Gall et à l'Institut français de Santiago pour avoir supervisé mon séjour au large du Chili.

J'aimerais adresser ma gratitude à Romain Troublé, à la Fondation Tara Océan, ma reconnaissance et mon affection à l'équipage de Tara du 4 avril au 11 mai 2021 : Sophie, Alice, Maeva, Miléna, Kamilia, Sam, Yves, Monch, François, Loïc, Doug, Emilio, Josep et Éric, merci les ami(e)s pour votre bonne humeur, votre bienveillance, et pour tout ce que vous m'avez patiemment enseigné durant ces semaines de navigation.

Pour finir, je rends hommage à Josseline, observatrice pour le Service hydrographique et océanographique de l'Armée du Chili, qui nous a permis de travailler dans d'excellentes conditions.

INSTITUT FRANÇAIS

L'Institut français est l'établissement public chargé des relations culturelles extérieures de la France. Son action s'inscrit au croisement des secteurs artistiques, des échanges intellectuels, de l'innovation culturelle et sociale, et de la coopération linguistique. Il soutient à travers le monde la promotion de la langue française, la circulation des œuvres, des artistes et des idées et favorise ainsi une meilleure compréhension des enjeux culturels.

L'Institut français, sous la tutelle du ministère de l'Europe et des Affaires étrangères et du ministère de la Culture, contribue activement à la diplomatie culturelle de la France. Ses projets et programmes prennent en compte les contextes locaux et reposent sur une capacité unique de déploiement à travers le vaste réseau des services culturels des ambassades de France, des instituts français et des alliances françaises présents sur les cinq continents.

Dans les domaines du livre et de l'édition, l'Institut français s'attache à valoriser les auteurs en assurant leur promotion au travers de grandes manifestations littéraires à l'international, en facilitant la cession de droits de leurs œuvres grâce au programme d'aide à la publication, en soutenant le dialogue entre les sociétés civiles des rives nord et sud de la Méditerranée par des actions de coopération et en organisant des rencontres thématiques entre professionnels étrangers et français de la chaîne du livre.

Le soutien aux auteurs peut aussi prendre la forme d'une aide directe offerte à différents moments de leurs projets d'écriture. Il se concrétise enfin par un accompagnement des œuvres créées qui profite à toute la chaîne d'acteurs et d'intermédiaires impliqués dans leur diffusion, leur présentation et leur distribution.

Ainsi, inspiré par les grandes expéditions passées, l'Institut français de Paris s'est associé à l'institut français du Chili et à l'ambassade de France au Chili : Wilfried N'sondé a embarqué à bord de la goélette Tara et partagé au large des côtes chiliennes le travail des scientifiques lors de l'expédition Microbiomes, partie le 12 décembre 2020 pour l'anniversaire de l'accord de Paris.

Tel un argonaute du XXIe siècle, Wilfried N'Sondé a sillonné l'immensité du Pacifique et s'est plongé au cœur du peuple invisible de l'océan et de son rôle sur le climat global. Mystères des jungles sous-marines ; poésies des otaries, goélands et Nuages de Magellan : Wilfried a pris la plume sous la Croix du Sud et écrit à pleines voiles une œuvre de fiction, entre littérature, science et politique, qui participe de la lente construction d'une gouvernance climatique globale.

Cette action commune des instituts français associée à l'ambassade de France au Chili renforce l'action menée pour soutenir la création littéraire, susciter la traduction des œuvres en langue française et favoriser la richesse des liens entre les cultures pour penser et donner à voir des positions communes autour de la réflexion environnementale.

LA FONDATION TARA OCÉAN

La Fondation Tara Océan est la première fondation reconnue d'utilité publique consacrée à l'océan en France. Depuis 19 ans, elle développe une science de haut niveau, en collaboration avec le CNRS et des laboratoires internationaux d'excellence, pour explorer le milieu marin, et comprendre et anticiper les bouleversements liés aux changements climatiques et environnementaux auxquels il est soumis.

Pour faire de l'océan un bien commun sous la responsabilité de tous et le préserver, la Fondation Tara Océan sensibilise et éduque les jeunes.

La Fondation Tara Océan n'est pas seulement porteuse de connaissances scientifiques à travers ses expéditions, c'est aussi un lieu de résidence artistique. La science est depuis toujours source d'inspiration pour les artistes. À bord de la goélette Tara, ils observent et réécrivent, selon leur sensibilité et leur imagination, la richesse de l'océan, la recherche mais aussi la vie quotidienne à huis clos. Les résidences sont à chaque mission une nouvelle occasion de cultiver un autre regard, créer de nouvelles expériences et poursuivre les collaborations avec les artistes dans des domaines variés. Lancées grâce à l'engagement d'agnès b. et d'Étienne Bourgois, et au soutien de La Fab, ces résidences ont permis à plus de cinquante artistes de se succéder à bord de la goélette depuis 2003.

www.fondationtaraocean.org

Fondation
tara océan
explorer et partager

L'ASSOCIATION POUR LA PROTECTION DES ANIMAUX SAUVAGES

Parce que l'urbanisation galopante est sourde et aveugle au bruissement de la vie sauvage ;

Parce que la chasse s'octroie encore trop souvent la part indue du dominant ;

Parce que la loi qui s'essaye à la protection est entravée par les dérogations, les exceptions, la lourdeur des procédures et l'opposition de nombreux groupes de pression ;

L'ASPAS crée des *Réserves de Vie Sauvage®* où l'exubérance de la nature est laissée en libre évolution. Aucune activité humaine n'y est autorisée, hormis la balade contemplative, amoureuse ou curieuse. Ce label est, à ce jour, le plus fort niveau de protection en France. Plus nous rendons à la nature sauvage des territoires où elle peut s'exprimer pleinement et librement, mieux nous retrouvons une place à notre mesure, sans démesure.

L'ASPAS est une association sans but lucratif, reconnue d'utilité publique et *100 % indépendante* : une exception dans le paysage associatif de la protection de la nature. Elle défend les sans-voix de la faune sauvage, les espèces classées "nuisibles", les jugés insignifiants ou encombrants. L'ASPAS mobilise l'opinion publique, interpelle les élus et sensibilise tous les publics à la nécessité de protéger les milieux et les espèces. Son savoir-faire juridique est unique. Depuis plus de 30 ans, elle a engagé plus de 3 000 procédures devant les tribunaux pour faire respecter et évoluer positivement le droit de l'environnement, y compris contre les pouvoirs publics lorsque ceux-ci ne respectent pas la législation en vigueur.

ASPAS
BP 505 - 26401 CREST CEDEX
www.aspas-nature.org
Tél. 04 75 25 10 00 / contact@aspas-nature.org
FB/Tw/Instagram : @ASPASnature

DU MÊME AUTEUR

LE CŒUR DES ENFANTS LÉOPARDS (prix des Cinq Continents de la francophonie ; prix Senghor de la création littéraire), Actes Sud, 2007 ; Babel n° 1001.
LE SILENCE DES ESPRITS, Actes Sud, 2010 ; Babel n° 1522.
FLEUR DE BÉTON, Actes Sud, 2012.
BERLINOISE, Actes Sud, 2015 ; Babel n° 1593.
UN OCÉAN, DEUX MERS, TROIS CONTINENTS (prix du livre France Bleu/*Page des libraires* ; prix des lecteurs *L'Express*/BFMTV ; prix Ahmadou Kourouma ; mention spéciale des jurys du grand prix du Roman métis et du prix du Roman métis des lecteurs ; prix littéraire des lycéens d'Île-de-France ; prix des lecteurs de la ville de Brive-Suez ; prix du Salon du livre du Mans ; prix de la Bastide ; prix des lecteurs Au coin du livre ; prix de l'Algue d'or ; prix de l'UIAD), Actes Sud, 2018 ; Babel n° 1663.
FEMME DU CIEL ET DES TEMPÊTES, Actes Sud, 2021.

Jeunesse
AIGRE-DOUX (prix des Lycéens allemands), Actes Sud Junior, 2019.

Beaux livres
BORDERS, photographies de Jean-Michel André, Actes Sud, 2021.
HOMO DETRITUS, photographies de Stéphan Gladieu, Actes Sud, 2022.

DANS LA MÊME COLLECTION

LES FRANÇAIS ET LA NATURE. POURQUOI SI PEU D'AMOUR ?, Valérie Chansigaud, 2017.
LE RETOUR DE MOBY DICK, OU CE QUE LES CACHALOTS NOUS ENSEIGNENT SUR LES OCÉANS ET LES HOMMES, François Sarano, 2017.
SUR LA PISTE ANIMALE, Baptiste Morizot, 2018.
RÉ-ENSAUVAGEONS LA FRANCE. PLAIDOYER POUR UNE NATURE SAUVAGE ET LIBRE, Gilbert Cochet et Stéphane Durand, 2018.
20 000 ANS, OU LA GRANDE HISTOIRE DE LA NATURE, Stéphane Durand, 2018.
L'OURS. L'AUTRE DE L'HOMME, Rémy Marion, 2018.
PSYCHOLOGIE POSITIVE ET ÉCOLOGIE. ENQUÊTE SUR NOTRE RELATION ÉMOTIONNELLE À LA NATURE, Lisa Garnier, 2019.
LE PARRAIN. AU CŒUR D'UN CLAN D'ÉLÉPHANTS, Caitlin O'Connell, 2019.
CHIMPANZÉS, MES FRÈRES DE LA FORÊT, Sabrina Krief, 2019.
HABITER EN OISEAU, Vinciane Despret, 2019.
MANIÈRES D'ÊTRE VIVANT, Baptiste Morizot, 2020.
L'EUROPE RÉENSAUVAGÉE, Béatrice et Gilbert Cochet, 2020.
OVIBOS, LE SURVIVANT DE L'ARCTIQUE, Rémy Marion et Robert Gessain, 2020.
PENSER COMME UN ICEBERG, Olivier Remaud, 2020.
JE EST UN NOUS. ENQUÊTE PHILOSOPHIQUE SUR NOS INTERDÉPENDANCES AVEC LE VIVANT, Jean-Philippe Pierron, 2021.
ÊTRE UN CHÊNE, Laurent Tillon, 2021.
AUTOBIOGRAPHIE D'UN POULPE, Vinciane Despret, 2021.
LA VALLÉE DE L'ABEILLE NOIRE, Yves Élie, 2021.
APPRENDRE À VOIR, Estelle Zhong Mengual, 2021.
PARMI LES ARBRES. ESSAI DE VIE COMMUNE, Alexis Jenni, 2021.
LES MANCHOTS DE MANDELA, David Grémillet, 2021.
DANS LE SILLAGE DES CORBEAUX, Thom van Dooren, 2022.
AU NOM DES REQUINS, François Sarano, 2022.
SANGLIERS, GÉOGRAPHIES D'UN ANIMAL POLITIQUE, Raphaël Mathevet et Roméo Bondon, 2022.

Ouvrage réalisé
par l'atelier graphique Actes Sud
reproduit et achevé d'imprimer
en août 2022
par Normandie Roto Impression s.a.s.
à Lonrai
pour le compte des éditions
Actes Sud
Le Méjan
place Nina-Berberova
13200 Arles

Dépôt légal
1re édition : octobre 2022
n° impr. : 2203332
(Imprimé en france)

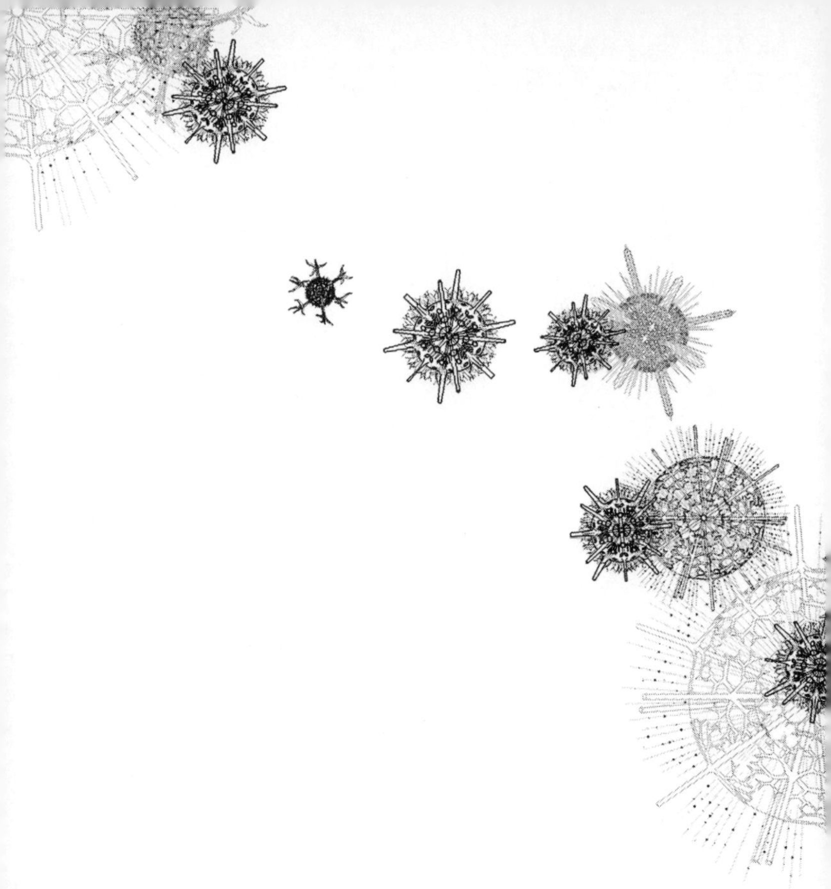

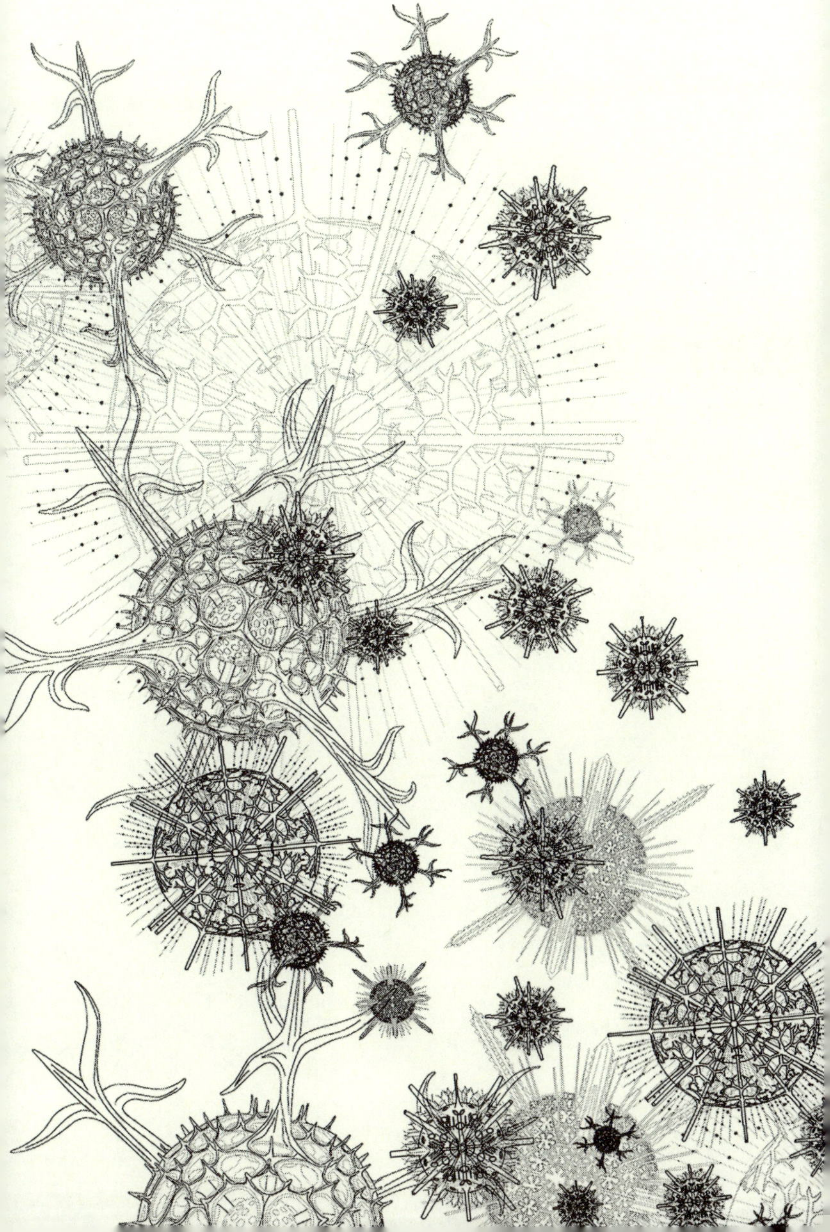